传统农区工业化与社会转型丛书

丛书主编/耿明斋

农村劳动力
非农就业空间选择
及其代际效应研究

—— 基于"百县千村"整村调查数据

耿 博◇著

A
Study of the Spatial Choices of
Non-Agricultural Employment of Rural Labor
Force and Its Intergenerational Effects:
Based on the Whole Village Survey Data of
"100 Counties and 1000 Villages"

社会科学文献出版社
SOCIAL SCIENCES ACADEMIC PRESS (CHINA)

　　本项研究与著作撰写出版得到了中原发展研究基金会、新型城镇化与中原经济区建设河南省协同创新中心、河南省重点智库河南中原经济发展研究院、河南省高等学校人文社会科学重点研究基地中原发展研究院等的支持。

◀ 总 序

　　如果不考虑以渔猎、采集为生的蒙昧状态，人类社会以18世纪下半叶英国产业革命为界，明显地可分为前后两个截然不同的阶段，即传统的农耕与乡村文明社会、现代的工业与城市文明社会。自那时起，由前一阶段向后一阶段的转换，或者说社会的现代化转型，已成为不可逆转的历史潮流。全世界几乎所有的国家和地区都曾经历或正在经历从传统农耕与乡村文明社会向现代工业与城市文明社会转型的过程。中国社会的现代化转型可以追溯到19世纪下半叶的洋务运动，然而，随后近百年的社会动荡严重阻滞了中国社会全面的现代化转型进程。

　　中国真正大规模和全面的社会转型以改革开放为起点，

农区工业化潮流是最强大的推动力。正是珠三角、长三角广大农村地区工业的蓬勃发展，才将越来越广大的地区和越来越多的人口纳入工业和城市文明发展的轨道，并成就了中国"世界工厂"的美名。然而，农耕历史最久、农耕文化及社会结构积淀最深、地域面积最大、农村人口最集中的传统平原农区，却又是工业化发展和社会转型最滞后的地区。显然，如果此类区域的工业化和社会转型问题不解决，整个中国的现代化转型就不可能完成。因此，传统平原农区的工业化及社会转型问题无疑是当前中国最迫切需要研究解决的重大问题之一。

使我们对传统农区工业化与社会转型问题产生巨大兴趣并促使我们将该问题锁定为长期研究对象的主要因素，有如下三点。

一是关于工业化和社会发展的认识。记得五年前，我们为申请教育部人文社科重点研究基地而准备一个有关农区工业化的课题论证时，一位权威专家就对农区工业化的提法提出了异议，说"农区就是要搞农业，农区的任务是锁定种植业的产业结构并实现农业的现代化，农区工业化是个悖论"。两年前我们组织博士论文开题论证时，又有专家提出了同样的问题。其实对这样的问题，我们自己早就专门著文讨论过，但是，一再提出的疑问还是迫使我们对此问题做更深入的思考。事实上，如前所述，从社会转型的源头上说，最初的工业都是从农业中长出来的，所以，最初的工业化都是农区工业化，包括 18 世纪英国的产业革命，这是其一。其二，中国 20 世纪 80 年代初开始的大规模工业化就是从农区开始的，所谓的苏南模式、温州模式不都是农区工业发展的模式么？现在已成珠三角核心工业区的东莞市 30 年前还是典型的农业大县，为什么现在尚未实现工业化的农区就不能搞工业化了呢？其三，也是最重要的，工业化是一个社会现代化的过程，而社会的核心是人，所以工业化的核心问题是人的现代化，一个区域只有经过工业化的洗礼，这个区域的人才能由传统向现代转化，你不允许传统农区搞工业化，那不就意味着你不允许此类地区的人进入现代人的序列么？这无论如何也是说不过去的。当然，我们也知道，那些反对农区搞工业化的专家是从产业的区域分工格局来讨论问题的，但是要知道，这样的区域分工格局要经过工业化的洗礼才会形成，而不能通过阻止某一区域的工业化而人为地将其固化为某一特定产业区域类型。其四，反对农区工业化的人往往曲解了农区工业化的丰富内涵，似乎农区工业化就是在农田里建工厂。其实，农区工业化即使包含着在农区建工厂的内容，那也是指在更广大的农区的某些空间点上建工厂，并不意味着所有农田都要变成工厂，也就是说，农区工业化并不意味着一定会损害乃至替代农业的发展。农区工业化最重要的意义是将占人口比例最大的农民卷入社会现代化潮流。不能将传统农区农民这一占人口比例最大的群体排除在中国社会的现代化进程之外，这是我们关于工业化和社会发展的基本认识，也是我们高度重视传统农区工业化问题的基本原因之一。

二是对工业化发生及文明转换原因和秩序的认识。从全球的角度看，现代工业和社会转型的起点在英国。过去我们有一种主流的、被不断强化的认识，即中国社会历史发展的逻辑进程与其他地方——比如说欧洲应该是一样的，也要由封建社会进入资本主义社会，虽然某一社会发展阶段的时间起点不一定完全一致。于是就有了资本主义萌芽说，即中国早在明清乃至宋代就有了资本主义萌芽，且迟早要长出资本主义的大树。这种观点用另一种语言来表述就是：即使没有欧洲的影响，中国也会爆发产业革命，发展出现代工业体系。近年来，随着对该问题研究的深入，提出并试图回答类似"李约瑟之谜"的下述问题越来越让人们感兴趣，即在现代化开启之前的 1000 多年中，中国科学技术都走在世界前列，为什么现代化开启以来的最近 500 年，中国却远远落在了西方的后面？与工业革命联系起来，这个问题自然就转换为：为什么产业革命爆发于欧洲而不是中国？虽然讨论仍如火如荼，然而一个无可争议的事实是：中国的确没有爆发产业革命，中国的现代工业是由西方输入的，或者说是从西方学的。这一事实决定了中国工业化的空间秩序必然从受西方工业文明影响最早的沿海地区逐渐向内陆地区推进，不管是 19 世纪下半叶洋务运动开启的旧的工业化，还是 20 世纪 80 年代开启的新一轮工业化，都不例外。现代工业诞生的基础和工业化在中国演变的这一空间秩序，意味着外来的现代工业生产方式和与此相应的经济社会结构在替代中国固有的传统农业生产方式和相应的经济社会结构的过程中，一定包含着前者对后者的改造和剧烈的冲突。而传统农耕文明历史最久、经济社会乃至文化结构积淀最深的传统农区，一定也是现代工业化难度最大、遇到障碍最多的区域。所以，将传统农区工业化进程作为研究对象，或许更容易发现两种不同文明结构的差异及冲突、改造、替代的本质和规律，从而使得该项研究更具理论和思想价值。

三是对我们所处的研究工作环境和知识积累的认识。我们中的很多人都来自农民家庭，我自己甚至有一段当农民的经历，我们工作的河南省又是全国第一人口大省和第一农民大省，截至 2008 年末，其城市化率也才不到 40%，也就是说，在将近 1 亿人口中，有近 7000 万人是农民，所以，我们对农民、农业、农村的情况非常熟悉，研究农区问题，我们最容易获得第一手资料。同时，我们这些土生土长的农区人，对该区域的现代化进程最为关注，也有着最为强烈的社会责任感，因此，研究农区问题我们最有动力。还有，在众多的不断变化的热点经济社会问题吸引相当多有抱负的经济学人的情况下，对事关整个中国现代化进程的传统农区工业化和社会转型问题进行一些深入思考可能是我们的比较优势。

我个人将研究兴趣聚焦到农区工业化上来始于 20 世纪 90 年代中期，进入 21 世纪以来，该项研究占了我越来越多的精力和时间。随着实地调查机会的增多，进入视野的令人感兴趣的问题也越来越多。与该项研究相关的国家社科基金重点项目、一般项目以及教育部基地重大项目的相继立项，使研究的压力也越来越大。值得欣慰的是，该项研究的意义越来越为更多的学者和博士生及博士后研究人员所认可，研究队伍也越来越大，展开的面也越来越宽，研究的问题也越来越深入和具体。尤其值得一提的是日本大学的村上直树教授，他以其丰厚的学识和先进的研究方法，将中国中原地区的工业化作为自己重要的研究方向，且已经取得了重要进展，并打算与我们长期合作，这给了我们很大的鼓舞。

总之，研究对象与研究领域已经初步锁定，研究队伍已聚集起来，课题研究平台在不断拓展，若干研究也有了相应的进展。今后，我们要做的是对相关的研究方向和研究课题做进一步的提炼，对研究队伍进行优化整合，对文献进行更系统的批判和梳理，做更多的实地调查，力争从多角度来回答若干重要问题，比如：在传统农业基础上工业化发生、发育的基础和条件是什么？工业化究竟能不能在传统农业的基础上内生？外部的因素对传统农区工业化的推进究竟起着什么样的作用？从创业者和企业的行为方式看，工业企业成长和空间演进的轨迹是怎样的？在工业化背景下，农户的行为方式会发生怎样的变化，这种变化对工业化进程又会产生怎样的影响？县、乡等基层政府在工业化进程中究竟应该扮演何种角色？人口流动的方向、方式和人口居住空间结构调整演进的基本趋势是什么？这是一系列颇具争议但又很有研讨价值的问题。我们将尝试弄清楚随着工业化的推进，传统农业和乡村文明的经济社会结构逐步被破坏、被改造、被替代，以及与现代工业和城市文明相适应的经济社会结构逐步形成的整个过程。

按照目前的打算，今后相当长一个时期内，我们的研究都不可能离开传统农区工业化与社会转型这一领域，我们也期望近期在若干主要专题上能有所突破，并取得相应的研究成果。为了将所有相关成果聚集到一起，以便让读者了解到我们所研究问题的全貌，我们决定编辑出版"传统农区工业化与社会转型丛书"。我们希望，随着研究的推进，每年能拿出三到五本书的相关成果，经过3~5年，能形成十几乃至二十本书的丛书规模。

感谢原社会科学文献出版社总编辑邹东涛教授，感谢该社皮书出版分社的邓泳红，以及所有参与编辑该套丛书的人员，是他们敏锐的洞察力、强烈的社会责任感、极大的工作热情和一丝不苟的敬业精神，促成了该套丛书的迅速立项，并使出版工作得以顺利推进。

2009 年 6 月 14 日

　　各发达国家在工业化的进程中都经历了城市化的过程，随着工业的迅速发展，农业人口由于工业与农业生产之间收入的差距而进入城镇，通过不断地学习和进行技术培训，他们适应了城市的生活和工业生产。这些从农业转向工业就业的人们，补充了工业化急需的劳动力，使工业化能够不断深入，而工业的发展也使农业得到快速发展。

　　我国改革开放的第一步是实行了农村土地的承包制，改变了"吃大锅饭"的生产方式，解放了大量农村的劳动力。随着我国经济的快速增长，城镇也在城市建筑、工业化上迅速发展，需要大量的劳动力。由于从事农业的收入远低于从事建筑业和产品加工的收入，因而，大量的农村劳动力流入城镇。由于我国户籍制度的限制，这些农村劳动力并不是以家庭落户的形式进入城镇，而是形成了"外出务工"。青壮年劳动力外出务工、农田由老人和妇女经营，自己一年中有几次回乡团聚。这种"人户分离"的现象造成了"留守儿童"等一系列问题。

河南是我国的农业大省，也是人口大省，青壮年劳动力外出务工更是普遍现象。21世纪初，我频繁往来于北京与开封之间，当时还没有高铁，只能乘坐每天只有一班的普快列车。与我同车的多数是外出务工的农村劳动力，尤其是在冬小麦的播种时节，务工的人们回家播种冬小麦，然后再返回北京。与他们交谈，知道他们多数是同村人，在一个建筑工地务工，在播种与收割庄稼的时候一起请假回家照顾农田。他们给当时离开国内十几年的我以非常深刻的印象，使我想起白居易的诗："今我何功德，曾不事农桑。吏禄三百石，岁晏有余粮。念此私自愧，尽日不能忘。"后来，我不再乘坐这班车，因而，失去了与这些外出务工者近距离接触的机会，但他们的身影仍留在我心中。我有时会想，这些人现在在哪里？十几年过去了，他们可能已经不再务工，有的可能回乡，有的可能自己经营企业，他们的孩子会是什么样？有的孩子可能已经上完大学，有的孩子可能还在求学的路上，有的可能自己经营企业，有的可能走上与父辈同样外出务工的道路……

这本专著正是研究了在城镇化进程中，河南省农村劳动力外出务工的地点选择与他们下一代的人力资本问题。河南大学经济学院和中原发展研究院自 2017 年开始联合实施"百县千村"入户调查之"整村调查"项目。本书作者在所得数据的分析中发现了一些外出务工地点选择的规律，根据实际数据的统计分析，进行了理论模型的设定，得到了符合实际情况的务工者关于务工地点选择的理论模型，并进行了实证分析。

这本专著由博士论文修改而成，作为作者博士期间的指导教师，我为这本专著的出版感到由衷地高兴。

齐 玲

2021 年 11 月 25 日

　　现代化是传统农耕文明逐步被工业文明替代，并继续向信息技术引领的更高阶段文明持续演化的过程。

　　伴随着农业经济活动的萎缩和非农制造业与服务业的扩张，农业剩余劳动力会持续向非农就业转移，乡村人口会持续向城市迁徙，农业组织形式和经营方式会发生变化，传统村落结构会逐步解体，农村社会组织形式和治理体系会有新形态，城乡空间结构会呈现新面貌，等等。

　　这些变化背后是一系列问题：农业剩余劳动力转移到了哪里？非农就业的产业结构和空间结构呈现什么样的特征？乡村人口以什么样的节奏向城市迁徙？是以乡或村为单元整建制一次性向城市转换，还是以户为单元零星递次迁徙？是举家迁徙还是不同家庭成员在不同时段以不同形式分次迁徙？迁徙农户土地权益（包括承包地和宅基地）以何种方式处置，以及原居民权益如何保障？在劳动人口"人户分离"背景下，留守老人、妇女和儿童生存及教育如何保障？进城农民工市民化"户籍"及公共服务保障，也就是"市民化"问题如何解决？等等。其中每一个问题都值得专门研究。

由于我国特殊的城乡二元结构制度背景，除了城市扩张过程中能够覆盖的近郊乡村和制造业聚集的少数乡村之外，绝大多数区域农业剩余劳动力非农就业转移和乡村人口城市化迁徙，都是以青壮年家庭成员外出打工形式牵引的，从而"人户分离"是常态。这也意味着这种普遍形态的劳动力转移和人口迁徙，会带来更多的问题。耿博即将付梓出版的这篇博士学位论文，以"人户分离"为背景，以就业空间选择的"代际效应"为逻辑脉络，使用河南大学"百县千村"调研数据，从教育和职业地位视角，对农民工这个特殊群体的代际传承问题进行了深入系统研究，具有十分重要的理论价值和现实意义。

首先是这项研究的基础性和关键性。如前所述，现代化是一个涵盖一系列事件的过程，过程中最核心的事件是农业剩余劳动力非农就业和乡村人口的城镇化迁徙，也就是传统农业和农村人群大规模就业转换和空间位移。这种转换和移动触动了相应的经济结构、利益结构和制度结构，引发了一连串的变动，也引出了诸多问题。除了我们前面提到的农民工市民化、户籍、土地权益，以及本书重点研究的代际影响等问题之外，我们所熟知的产业升级、区域差异、城镇结构及其空间形态等问题，也都能从这种就业转移和空间位移中找到问题的线索或观察问题的切入点。从这种意义上说，该项研究在涉及现代化转型的诸多研究中具有关键性，能为其他相关研究提供基础支撑。

其次是前沿性和前瞻性。在绝大多数研究还聚焦于农民工自身的社会保障及迁出地利益关系如何处置时，本项研究则将思想触角延伸到了代际关系。在"人户分离"背景下，农民工远离故土就业和生活确实对其家庭成员的生存状况造成了巨大影响，尤其是对子代成长影响更甚，从教育和职业地位传承角度研究农民工的代际关系，并且把就业空间结构和距离关系作为重要考量因素，确实具有前沿性和前瞻性。由此还可以引出诸多值得深入探讨的社会问题，比如是支持农民工子女在家乡接受教育还是在务工地接受教育？是在流出地建设更好的乡村学校还是鼓励农民工子女进入县城寄宿学校享受优质教育？如何使农民工子女在流入地平等地享受城市优质教育？由现在的"人户分离"走向未来"人户合一"路径是什么？是向流出地回归还是举家迁徙成为流入地永久居民？这些问题都值得专门研究。

最后是宏观性和深邃性。一个社会现代化转型完成或成功的标志，除了农业社会转变为工业社会、乡村社会转变为城市社会之外，更重要的是要由低收入状态转向高收入状态。

放眼全球现代化的历史实践，实现后一种转换是极不容易的。有统计表明，"二战"以后，全世界只有大约20个国家或地区实现了这种转换，除掉中东等一些依赖石油资源跨入高收入社会的国家之外，只有韩国、中国台湾等数个东亚经济体依靠制造业的持续升级实现了这种转换。这也是为什么"拉美化"和"中等收入陷阱"近年来成为热词的原因。进入21世纪以来，中国会不会落入中等收入陷阱，也成为人们议论的话题。以突出的制度优势和十足的经济韧性，我们相信中国一定能成功跨越中等收入陷阱，顺利进入高收入国家行列，实现现代化。但我们也不能忽视现代化进程中出现的一些问题，代际传承和阶层固化，社会垂直流动受阻就是个不能忽视的问题。而这一问题在处于结构转化枢纽与核心位置的农村就业转移和迁徙人群中最为突出。所以，研究这个人群的代际传承效应，并提出避免阶层固化对策，是避免落入中等收入陷阱、壮大中产阶层、顺利进入现代化社会研究的一个重要侧面，有重要的宏观意义，也具有深邃性和延展性。

随着经济发展新阶段到来，新理念贯彻和新格局打造，乡村振兴成为推进国家现代化的一项重大战略，作为就业转移和人口流出地的农村进一步受到额外重视。但是，到底乡村振兴的对象是什么？如何实现乡村振兴？乡村振兴的路径是什么？标志是什么？中央虽然有产业兴旺、农民富裕等二十字方针指导，许多基层干部却是一头雾水。在不熟悉非农就业转移和人口城镇化迁徙，以及聚集发展等现代化规律和趋势的情况下，急于求成，误打误撞多于理性选择，偏离正确轨道和重复浪费现象时有发生。十年前以河南"就地城镇化"为导向的"新型农村社区"建设，十年后刚刚发生的山东拆村并村风波，都是只看到了现代化大趋势，而不顾产业、就业和人口城市化聚集的事实，急于求成，想当然地试图将存量农村人口固化于原地实现现代化，殊不知，农民要去的是就业机会和社会功能高度聚集的城市，所以，空置和浪费成为必然。同样的道理，改善农村留守人群的居住环境理所当然，但汇集财政资金大规模投入少数村落，按现代化标准建设基础设施，可作为享用对象的人却寥寥无几，重复浪费以新的形式再次呈现。遍布乡间的民宿旅游热也有点过火了，因为城市休闲人群不可能把大部分乡间都塞满，更何况并不是所有乡村资源禀赋都对城市休闲人群有吸引力。以发展集体经济的名义，尝试再走一遍"村村点火、家家冒烟"的早期分散工业化，也是不认识阶段转换和新格局特点、不理解新发展理念的误打误撞行为。

所以，需要把乡村振兴放在工业化城镇化背景中来审视，放在产业聚集、人口城镇化迁徙和农村生活空间重构三大趋势中来认识，并据此选择合适的路径与目标，踏准节奏。个人认为，乡村振兴的路径和节奏取决于未来乡村在经济社会现代化进程中所扮演的角色和实现的功能。由于资源禀赋差异，不同乡村空间在现代化进程中能够扮演的角色和实现的功能存在差异，根据这种差异，目前的乡村大致上可以分成三大类：一是文化积淀丰厚，山水生态自然环境优越型；二是非农制造业和服务业承载型；三是粮食及农畜产品供给型。相应地，乡村振兴路径也有三种：一是挖掘整理文化资源，美化山水生态，更新设施，为都市人群提供优越的休闲空间，发展旅游和其他服务业，增加居民收入，实现振兴；二是持续升级非农制造业和服务业结构，吸纳就业，增加和完善城市功能，以就地城市化形式实现振兴；三是最广大宜农平原地区，通过粮食种植和畜牧养殖产业的现代化，使从业者收入水平与其他行业同类就业者相当，实现振兴。这要以非农就业大规模转移和乡村人口大规模城市化迁徙为前提。就节奏来说，非农产业承载地优先，文化生态旅游区次之，平原农业区殿后。

总之，"三农"问题研究的价值在于抓住非农就业转换和人口城市化迁徙这一现代化进程的核心问题，乡村振兴路径、目标及措施行为的合理选择在于认识和顺应现代化的规律。这是这篇简短序言想要表达的思想。

耿明斋

2021 年 4 月 21 日

第一章　导论

一　选题背景与问题提出

（一）选题背景

随着中国经济的高速发展和工业化、城镇化的快速推进，特别是精准扶贫、精准脱贫举措的扎实落地，中国农村居民尤其是贫困地区的居民生活水平有了大幅提升。但与此同时，我们也应认识到，中国城乡居民的贫富差距仍旧存在，仍有一部分人民群众在收入和发展机会方面出现了代际传递，"二代"现象逐渐成为人们关注的热点问题。基于人们对机会公平问题的关注，代际社会流动问题不但逐渐成为社会学和经济学关注的热门话题，也引起党和国家的重视。比如，党的十九大报告明确提出要"破除妨碍劳动力、人才社会性流动的体制机制弊端，使人人都有通过辛勤劳动实现自身发展的机会",这是党和国家为人民群众创造公平机会的重要体现。阶层固化不但会窒息社会活力,也可能会影响后续脱贫效果的巩固和进一步提升。

无论是从理论逻辑还是从发达国家的现实经验看,一个经济体要完成从传统农耕文明向现代工业文明的转换,就必须有绝大多数的农村劳动力和乡村人口完成从农业向非农就业、从乡里人向城里人的流动和转换。更重要的是,在这种现代化转换过程中还要有大量低收入社会成员持续向上流动,转化为中等收入乃至高收入社会成员。只有完成了这样的向上流动,社会才能形成所谓中间大两头小的"橄榄"形结构,从而也才能实现良性稳定的螺旋上升发展循环状态。这种前后相续的社会流动不管在哪个环节停滞下来,都会导致社会阶层固化甚至在阶层固化下的分化。社会阶层固化会导致严重的社会不公平,从而降低社会经济运行效率。

计划经济时期建立起来的二元结构制度虽然自改革开放以来不断瓦解,但其强大的惯性仍造成我国城镇化与工业化进程的脱节。进入21世纪以后,非农产业聚集发展的规律不断突破制度壁垒的限制,随着就业市场的开放,农村劳动力不断进入城市谋取就业机会,但由于户籍、土地等制度改变迟缓,农村劳动力非农就业不彻底,产生了极富中国特色的以"人户分离"为典型特征的农民工现象。2019年末,我国流动人口多达 2.36 亿，[①] 这其中因外出务工而导致 "人户分离" 的农民工又占据大多数。如此庞大的一个人口群体，他们的现状和未来直接关系到国家的现状和未来。理想情况下，"人户分离" 农民工及其子代群体未来演化的基本趋势应是，先完成由农向非农、由乡到城的职业和阶层初级形态的社会流动，再完成由低层级职业和社会阶层向中高层级职业和社会阶层高级形态的社会流动，最终整个社会形成 "橄榄" 形的结构形态。在该演化过程中，有很多值得专门研究的问题。

（二）问题提出

国内有不少学者对农村劳动力非农就业空间问题从不同角度进行了研究，得出了一些有价值的结论和有启发意义的观点。但是，这些研究都留下了这样那样的缺憾。要么是空间单元太粗略，比如只以本地和外出作为研究空间，考察本地务工和外出务工两类非农就业群体之间的关系（Zhao，2003；李富强、王立勇，2014）；要么是考察东、中、西三大地带以及省际农民工流出和流入的关系（范剑勇等，2004；高更和等，2012；杨慧敏等，2014；覃凤琴、陈杭，

[①] 按照国家统计局发布的《中华人民共和国 2019 年国民经济和社会发展统计公报》注释 9 的解释，"人户分离的人口是指居住地与户口登记地所在的乡镇街道不一致且离开户口登记地半年及以上的人口"。按照上述公报注释 10 的解释，"流动人口是指人户分离人口中扣除市辖区内人户分离的人口。市辖区内人户分离的人口是指一个直辖市或地级市所辖区内和区与区之间，居住地和户口登记地不在同一乡镇街道的人口"。

2019）；要么是虽然对农村劳动力就业空间以本地、本县、本市、本省、省会和省外做了更为细化的非农就业空间的划分，但不少研究停滞于统计描述分析，并未做更符合经济研究规范的计量分析，同时相关研究得出的结论亦存在较大的出入甚至相互抵触（高更和、李小建等，2009；付振奇、陈淑云，2017）。所以，现有研究很难得出细分空间农村劳动力非农就业信息，也很难据此判断非农产业集聚和城镇体系演化规律，亦不足以为政府形成发展战略和政策导向提供充分依据。

河南大学经济学院和中原发展研究院自 2017 年开始联合实施"百县千村"入户调查之"整村调查"项目，该数据库从流出地采集相关数据。虽然用一个省域内的数据来解释农村劳动力非农就业转移所带来的一般性和规律性问题可能导致研究工作存在一定的局限性，但以河南超过 1 亿人口的农业大省和 2000 多万农村劳动力非农就业转移数量，以及1000 万以上的省外流出规模，还是具有代表性的，对相关问题的研究应该有一定的解释力。

本书选取农村劳动力非农就业空间作为研究起点，除了目前文献对农村劳动力外出就业空间呈现什么样的结构特征并没有一致结论，亦缺乏对农村劳动力外出就业细分空间影响因素的研究外，另一个重要原因在于目前关于农村务工家庭代际流动问题的文献仍存在以下三个方面的不足。第一，已有研究未能考察农村劳动力非农就业对子女教育和职级等流动方向的影响。现有文献虽然考察了劳动力非农就业对代际教育流动的影响（邢春冰，2006），但并未指出代际教育流动的具体方向，对于外出务工的农村家庭而言，子代的教育水平相对于父代是向上流动、保持不变还是向下流动？这些文献并未给出明确答案。第二，已有研究未能考察所研究对象的异质性对代际流动的影响，比如村庄区位的差异、家庭收入的差异等对代际教育流动的影响未能予以反映。第三，已有研究未能考察农村非农就业空间的差异对代际流动的影响，农村劳动力的非农就业空间的差异除了会影响家庭收入，也会影响对子女的照看时间，而且工作地点的不同提供的社会资源也有所不同，而这些都会对子女的代际流动产生影响。

正是基于上述原因，本书以农村劳动力非农就业空间选择及其代际效应作为研究主题。具体来讲本书将研究重点放在农村劳动力非农就业空间选择及其代际效应上，试图回答他们最终流向哪里？非农就业的空间结构比例传递了怎样的信息？哪些因素影响了他们的非农就业空间选择？不同就业空间会对他们的下一代产生什么样的影响？父代的就业空间对子女的教育和社会职级产生怎样的影响？等等。

二 研究思路和方法

（一）研究思路

本书研究的基本思路是：把农村劳动力非农就业转移放

在以工业化城镇化为核心的现代化历史进程中，以城乡二元制度结构为背景，以"人户分离"农民工群体为重点关注对象，聚焦非农就业空间选择及其代际效应，通过梳理文献找到现有同类研究的薄弱环节及本书研究的出发点，在梳理样本数据基础上，用经济计量方法就其收入影响因素、空间选择及其代际影响进行深入系统分析，得出相应结论并给出政策建议。

研究思路框架如图 1 - 1 所示。

（二） 章节安排

全文内容分为七章。

第一章为导论。提出空间选择及其代际效应是农村劳动力非农就业转移和国家现代化进程中既相对独立又联系密切的问题。中国特殊的二元制度结构背景和自由进入的就业市场与限制进入的人口迁徙制度错位，造就了数量庞大的"人户分离"农民工群体，使空间选择和代际流动问题更为突出。本书以该群体为重点对象，以工业化城镇化为核心的现代化和二元制度结构为背景，研究其空间选择和代际流动所涉及的各个方面。

第二章为文献综述。本章首先就解释人口流动和劳动力转移的经典理论进行回顾，其次分别对农村劳动力就业空间结构及其影响因素，以及农村劳动力就业空间选择对教育和职业的代际效应的最新研究进展进行了系统梳理。研究发现现

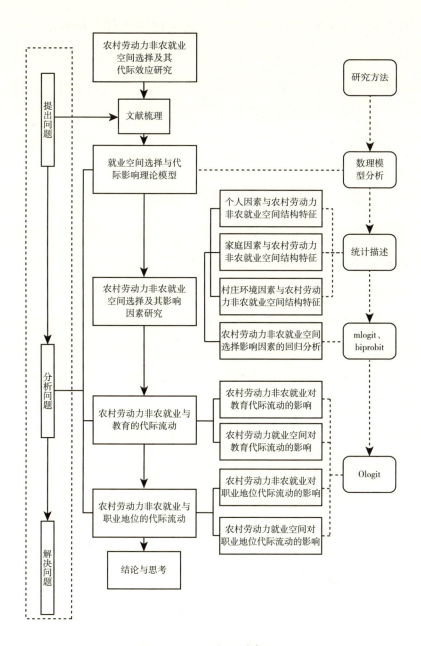

图 1-1　研究思路框架

有文献对就业空间选择的研究要么太过于宏观和粗放，或者只关注东、中、西部及省际的劳动力流动，或者只关注乡镇内外两类空间的非农就业分布，要么对多元就业空间的研究由于样本案例局限结论难以统一甚至相互矛盾。对于农村劳动力代际流动问题相关研究较少，数据久远，且尚未见到从就业空间结构来研究代际影响的文献，据此给出了本章研究出发点和努力的方向。

第三章为就业空间选择与代际影响理论模型。本章构建就业空间选择与代际效应的理论模型，分析不同学历群体的就业空间选择行为，探讨农村劳动力呈现的"哑铃"形就业空间特征的原因，并进一步探讨了就业空间选择对子代人力资本的影响。

第四章为农村劳动力非农就业空间选择及其影响因素研究。首先就农村劳动力外出务工人员的性别、年龄、受教育程度、当前工作行业、务工渠道来源以及年工资收入六个方面进行了统计归纳，展现了农村外出劳动力的基本特征；其次将农村劳动力外出就业空间划分为本县、本市、郑州、本省以及省外（含国外）五个大类，分析其空间分布特征。在此基础上，采用多元 Logit 模型分析了农村劳动力就业空间的影响因素。

第五章为农村劳动力非农就业与教育的代际流动。本章着重研究了农村劳动力非农就业对子代教育水平代际流动的影响。首先，对农村劳动力代际的教育流动性的客观事实进行了统计分析，总结和刻画代际教育流动性的现状与动态趋势，考察代际教育流动的差异性。其次，运用有序 Logit 模型实证检验父代外出务工对教育代际流动的影响。最后，考察父代就业空间对代际教育流动的影响。

第六章为农村劳动力非农就业与职业地位的代际流动。本章研究了农村劳动力非农就业对子代职业地位代际流动的影响。首先将调查问卷中涉及的职业重新编码为 EGP 五分类职业层次，其次对农村劳动力职业地位代际流动性的现状与动态趋势进行了分析，并考察了代际职业地位水平流动的差异性，最后，采用有序 Logit 模型对父代非农就业及空间选择如何影响子代职业地位流动进行实证检验。

第七章为结论与政策建议。本章对本书的研究结论进行了总结和归纳，在此基础上，对农民工的社会地位及其对整个国家现代化转型可能的影响以及农民工就业空间选择方向与区域和城市发展政策两个方面进行了探讨和思考。

（三）研究方法

1. 逻辑与历史相统一的方法

以工业化城镇化为核心的现代化，是一个由传统农耕文明社会向现代工业文明社会转化的过程，过程的起点是农村劳动力向非农就业转移，终点是转移结束，农业与非农业两大部门之间就业、效率和收入进入相对均衡和稳定状态。我们观察到的农村劳动力非农就业转移的任何问题，都是这个历史过程中某个时点发生的现象，研究和分析这些问题，都必须回到其特定的历史背景中去，采用逻辑与历史相统一的方法，这样才能弄清楚其来龙去脉，给出合理的解释，并提出符合历史规律的演进方向建议。本书虽然只是依据采自河南省的样本数据，聚焦于农村劳动力非农就业空间选择及其代际效应研究，但本书是把这些现象和问题放在现代化下半程，以及市场化改革日益深化、二元制度结构藩篱不断被突破这一历史与制度背景下来观察的，并遵循逻辑与历史相统一的原则，提出符合事物演进方向的建议。

2. 文献研究法

文献梳理是所有研究的起点和基础，本书的研究也是遵循这一原则，从理论追踪和文献梳理开始。通过对发展经济学劳动力非农就业转移研究追踪，发现其制度背景的缺失，本书则特别强调要把农村劳动力非农就业转移放在特殊的城乡二元制度背景下来认识。通过对国内诸多研究同类问题的文献梳理，发现现有文献在农村劳动力非农就业空间选择及其代际影响研究方面存在较多不足，因此在这些方面展开研究。

3. 数理模型分析法

本书构建了与就业空间相结合的期望效用理论模型，在理论模型中就业者在综合考虑不同就业地点找到适合自己的工作的概率、工资收入和孩子的人力资本的基础上使自己的效用达到最大化来选择就业地点。通过理论模型分析了就业空间选择对子代人力资本的影响，解释了本县、省外就业比例高，省会和省内其他县市就业比例低和随非农务工农村劳动力的人力资本升高、省外务工的比例减少、本县和省内务工比例升高的原因。

4. 统计分析法

样本数据处理方面，本书从"百县千村"入户调查之"整村调查"项目包含的大量复杂数据中，把涉及劳动力非农就业空间转移及其代际效应的数据筛选出来，通过归类进行统计分析，得出经验实证结论，为系统和深入的数理理论分析奠定了基础。

5. 计量分析法

在分析非农就业空间选择影响因素时，采用多元 Logit 回归方法，对于郑州这样一个河南省跨市域流动最为重要的一个就业地点的研究，采用了似不相关双变量 Probit 回归法。在分析父代外出务工及就业空间对子代教育和职业地位代际流动的影响时，由于子代的教育水平或职业地位相对于父代，可能向上流动、保持不变或者向下流动，是一个有序分类变量，所以本书选择使用有序 Logit 模型进行分析。

三　创新点与不足

（一）创新点

1. 拓宽了农村劳动力非农就业转移研究的视野

农村劳动力非农就业转移并不是个新课题，国内外学术界一直有研究。但以刘易斯为代表的经典性研究关注的是技术和效率基础上的两部门关系，并未涉及如中国这样重要的制度问题。国内学者对劳动力流动的研究，或者是着眼于东、中、西部及省域等大区域之间的流入和流出，或者是着眼于本地和外地粗略划分的空间就业关系，又或者虽有多元空间分析却结论相互矛盾。因而这些研究均难以从微观层面针对农村劳动力非农就业群体特征给出确切描述，解决问题的针对性也会受到削弱。本书把农村劳动力非农就业转移看成是国家现代化过程的一个侧面，放在特殊的二元制度结构背景下来审视，发现了"人户分离"农民工群体的特殊现象及背后隐含的各种问题，并聚焦空间选择及其代际效应深入研究，不但视野开阔，也更有针对性和更容易找到对问题解决更有价值的对策措施。

2. 使用更具代表性的样本数据完善和丰富了农村劳动力非农就业空间选择的内容

针对现有非农就业空间研究使用材料和结论观点方面的局限，本书使用河南大学"百县千村"入户调查之"整村调查"样本数据，覆盖典型农业大省河南全部地市上万个样本，且全部由教师带领硕博士研究生及本科学生入户采集，又经精心筛选，从而更具代表性，也更真实可靠，得出的结论更可信也更具启发意义。比如在多元空间结构中，本县和省外两头大的特征比较突出，考虑到广域多点汇集因素，省会城市也是吸纳非农就业的主要空间；远县城村庄和更年轻、使用社会网络的农村劳动力更倾向于选择省外远距离空间非农就业；近县城村庄和年长劳动力更倾向于选择县城非农就业；本乡镇非农就业在总量中占比远低于外出非农就业；等等。这些结论，一方面折射出非农产业和不同层级城市聚集发展的趋势和特点，也就是诸如长三角、珠三角地区产业聚集和城市发展趋势将长盛不衰，省会城市或者说区域中心城市和县城产业聚集与城市发展也会持续充满活力，而典型农区大多数乡镇非农产业发展则缺乏潜力。这意味着全国范围内支持产业和城市非均衡聚集发展符合趋势和规律，省域内做大省城和县城也符合趋势和规律。另一方面也给出了缩小甚至消除"人户分离"农民工群体的思路，一是创造条件使更多农民工就近在县城实现非农就业；二是长三角、珠三角及省会区域核心城市降低门槛，接纳大规模举家迁徙的农民工入户。

3. 使用样本数据研究了农村劳动力非农就业空间选择的代际效应

现有文献个别涉足过非农就业对教育的代际影响的研究，但未见有从空间选择角度研究代际影响，特别是职业代际流动的文献，所以，本书的研究具有一定的创新性。具体来说，一是构建了农村劳动力就业空间选择与代际影响的理论模型，对农村劳动力呈现的空间选择特征进行解释，在此基础上进一步讨论父代就业的空间选择将会对子代人力资本产生的影响。二是揭示了农民工外出就业总体上会对子代教育与职业地位产生不利影响，不同就业空间不利影响的程度则有差异。非农就业空间距离家乡越远，子代教育和职业地位向下流动的概率越大。在各种不同类型的区域中，省外就业对子代不利影响最大。这背后隐含的是深刻的社会问题和经济发展的持续性问题，也进一步佐证了农村劳动力非农就业造成的"人户分离"现象，短期内或许会满足农户增收的需要，长期的不利影响不仅危及其家庭自身，也会危及整个国家的良性发展势头。大多数农村劳动力通过举家迁徙在就业地解决"人户分离"，实现人户合一显得更为迫切。

（二）不足之处

1. 制度研究的不足与缺憾

本书指出了人口迁徙制度和就业市场化改革的不同步，自由进入的非农就业市场和限制进入的乡村人口城镇化迁徙制度，造成了规模庞大的"人户分离"农民工群体，他们会引出一系列经济社会问题，值得深入研究。本书也聚焦该群体，对非农就业空间选择及其代际影响进行了研究。但是，受限于篇幅、知识储备和内在结构处理难度，本书没有安排专门章节就就业市场和人口迁徙两种制度错位问题及自由迁徙实现途径进行专门研究，这不能不说是一个缺憾。

2. 非农就业空间代际流动引出的经济社会问题未能进行延伸研究

农村劳动力非农就业越是远离家乡代际流动负向影响越

大，背后的逻辑一定是因非农就业导致与子女生活空间的分离，使子女在成长期得不到父母应有的照顾和陪伴。这其中隐含的是非常重大的社会问题，长期也会影响到现代化的可持续性，因为这个庞大的"人户分离"农民工群体及其后代如果教育和职业地位持续负向流动，社会分化就会进一步加剧，在创新引领高质量发展和消费成为主要驱动力的情况下，这个庞大的低收入群体势必会削弱消费对经济增长的贡献，从而为跨越中等收入陷阱增加难度。这一问题十分重要，但本书也未能延伸研究，同样留下了缺憾。

第二章　文献综述

以工业化和城镇化为核心，包含着农村劳动力非农就业转移和乡村人口城市化与区域迁徙的现代化，近代以来一直是全球经济社会演进中的重要关注点。农村劳动力流动是本书研究的基础和出发点，因此本部分首先要对涉及的相关经典理论进行回顾，然后分别就本书关注的两大核心问题即农村劳动力流动的空间结构及其对教育和职业的代际影响进行系统的文献综述，尽可能全面梳理现有文献的逻辑脉络并重点掌握最新研究进展，以期为本书的后续章节奠定研究基础。

一　人口迁徙和劳动力转移的理论基础

由于非农产业聚集发展和城市的形成，工业化城镇化过程中总是伴随着乡村人口向城市的大规模流动，学术界也就有了针对这些现象进行系统研究的理论。

（一）推拉理论

推拉理论作为人口学中最重要的宏观理论一直占据着比较重要的地位。推拉理论的思想源于 1885 年英国人口学家 Ravenstein 在《伦敦统计学会杂志》上发表的《人口迁移之规律》一文，Ravenstein 认为人口迁移的原因是迁移者在流出地面临沉重的经济负担、不断恶化的自然环境以及与自身诉求不相匹配的生活条件等因素，也有可能是受到了歧视、压迫等不公平待遇，因此迁移者改变现有不满意的生产与生活状态是迁移行为发生的根本原因。Heberle 于 1938 年正式提出了推拉理论，他认为流出地存在的生产与生活的诸多障碍构成了人口流动的推力，而流入地令人向往的生产与生活条件则构成了人口流动的拉力，人口最终是否迁移取决于自身对推力和拉力综合平衡的结果。E. S. Lee（1966）在继续研究推力和拉力的基础上，还把迁出地和迁入地的中间障碍因素（语言文化差异、距离等）以及迁移者个人特质因素纳入分析框架中，增强了该理论的解释力。

推拉理论试图把迁入地和迁出地多种影响人口流动的因素纳入分析框架中，对现实中的人口流动是一个包罗万象的分析，解释力和适用性比较强，对本书的研究有启发。但是推拉理论主要是从社会学、人口学的角度来解释人口流动的原因，更多的是停留在抽象的思想层面，缺乏严谨的经济学理论分析。同时，该理论没有也不可能顾及中国特殊的二元制度结构背景以及由此背景形成的"人户分离"
现象。

（二）古典二元结构理论

1. 刘易斯模型

作为发展经济学的先驱之一，威廉·阿瑟·刘易斯
（W. Arthur Lewis）开创了二元结构理论（程名望，2007），
其在 1954 年发表于《曼彻斯特学报》的《劳动力无限供给
条件下的经济发展》一文系统解释了发展中国家由传统向现
代转变的二元经济发展模式。刘易斯把整个经济体系划分为
传统农业部门和现代工业部门，并认为传统二元经济向现代
一元经济的转变过程可以划分为两个阶段。

第一阶段：劳动力无限供给阶段。在二元经济体系中，
传统农业部门缺乏必要的资本投入，人口增长率又比较高，
这导致传统农业部门存在大量的边际产出为零的劳动力并形
成了对现代工业部门的无限供给。而现代工业部门劳动的边
际产出较高，非农剩余较大，不断增加的非农剩余又促使现
代工业部门不断加大资本投入，在劳动力无限供给情况下现
代工业部门可以按照生存工资得到任何数量的劳动力。

第二阶段：劳动力短缺阶段。当现代工业部门将边际产
出为零的农业剩余劳动力吸纳完毕之后，经济发展就进入劳
动力短缺阶段，两个阶段的连接点被称为刘易斯转折点。该
阶段的特征是边际产出为零的农业剩余劳动力被吸纳完毕，

工业部门要想进一步吸纳农业劳动力就需要支付更高的工资，即从该阶段开始现代工业部门工资由边际产出决定，传统二元经济逐步过渡到现代化的一元经济。

刘易斯的二元结构理论是发展经济学中关于结构转变的最有影响力的理论（郁义鸿，2000），但也存在诸如劳动力无限供给和不变制度工资的假定与现实不符以及忽视传统农业部门的作用等缺陷（赵慧卿，2005；程名望，2007），该理论对现实缺乏足够的解释力。

2. 费景汉—拉尼斯模型

费景汉（John C. H. Fei）和古斯塔夫·拉尼斯（Gustav Ranis）于 1961 年在《美国经济评论》上发表的《一个经济发展理论》一文系统发展了刘易斯的二元结构理论，被称为费景汉—拉尼斯模型。该模型把农业总产出与农业总劳动力人数的比值称为不变制度工资（也可以认为是由习惯和道德等因素决定的生存工资），并认为二元经济向一元经济转变需要经历以下三个阶段。

第一阶段：传统农业部门存在大量边际产出为零的农业剩余劳动力，该部分劳动力转移出去对农业生产没有影响，此时工业部门可以按照不变制度工资获取其想要得到的任何数量的劳动力。

第二阶段：边际产出为零的农业剩余劳动力被现代工业部门吸纳完毕后经济发展就进入第二阶段，此时农业劳动的边际产出不为零而是逐渐上升，但仍然要低于不变制度工资，费景汉一拉尼斯模型把这部分劳动者称为伪装失业者。由于伪装失业者的边际产出大于零，因此工业部门对伪装失业者的进一步吸纳会导致农业产出水平下降。在农产品需求相对稳定的情况下，农产品价格相对于工业品而言会提高，为了维持购买力不变工人工资也将会随之上升，即此阶段农产品价格与工资水平都有上升趋势。

第三阶段：现代工业部门对伪装失业者的诸如第二阶段的吸纳过程会一直持续到农业劳动的边际产出等于其不变制度工资时才会停止，之后经济发展就进入第三阶段。在该阶段，农业劳动的边际产出大于不变制度工资，传统农业部门都可以按照其边际产出获取其工资，传统二元经济逐步过渡到市场化的一元经济。

在上述三个阶段中，第一个阶段比较容易完成，第三个阶段属于经济发展进入农业和工业一体化的市场化阶段也不需要过多关注，唯有第二个阶段对发展中国家消除二元结构具有重要意义。原因在于第二个阶段要想顺利过渡到第三阶段是建立在传统农业部门的伪装失业者被现代工业部门全部吸收的基础之上，但第二阶段中农产品价格与工人工资水平都是不断上升的，工人工资水平的上升会阻止现代工业部门进一步扩张，而这种情况有可能在传统农业部门伪装失业者还没有被吸收完毕时就已经出现，即二元结构的转变有可能提前终止。为破解这一难题，费景汉一拉尼斯模型提出了二元经济向一元经济顺利转化的两个条件：第一，重视农业技术的进步，只有农业技术进步才能产生更多的农业剩余，农产品价格和工人工资的上升才能得到一定程度的遏制，现代工业部门的扩张与伪装失业者的转移将会持续，直至伪装失业者完全消失为止；第二，农业部门和工业部门必须平衡发展，工业部门的发展是农业剩余劳动力转移的动力，而农业部门的发展又是工业部门持续吸纳伪装失业者的前提条件。

可见，费景汉—拉尼斯模型强调农业技术进步以及工农业平衡发展是实现二元结构转型的关键，弥补了刘易斯模型的不足。但是，费景汉—拉尼斯模型以及刘易斯模型都是在古典框架下展开分析的，仍然没有摆脱劳动力无限供给的假定，也没有对农业落后以及二元经济停滞的原因给出理论解释。

（三）新古典二元结构理论

出于对古典二元结构理论的反思，越来越多的经济学家试图在新古典的框架下进一步解释二元经济发展问题。乔根森模型和托达罗模型是新古典二元结构理论的典型代表，它们的共性就是否认存在边际产出为零的农业剩余劳动力，并认为二元经济可以通过资源配置的边际调节逐步过渡到一元经济。

1. 乔根森模型

乔根森模型是美国经济学家戴尔·乔根森（Dale W. Jorgenson）于1967年在《过剩农业劳动力和两重经济发展》一文中提出的基于新古典框架下的二元经济发展理论，其主要观点和结论如下。

第一，乔根森模型不认为经济体系中大量存在边际产出为零或边际产出小于平均劳动收入的劳动力。

第二，工资率是随着资本积累和技术进步而不断提高的，农业技术进步提高了农业劳动的边际产出，推动农业劳动收入增加，而工业部门要想吸纳劳动力就要支付更高的工资，即农业部门和工业部门的工资水平都不是固定不变的。

第三，乔根森模型假定人口增长内生于经济增长过程，且人口增长有一个生理的最大界限，但经济增长在技术进步的支撑下是无限的。因此农业部门产出的增长必然要快于人口的增长，乔根森模型称之为农业剩余，且农业剩余的出现是必然趋势。

第四，乔根森模型进一步认为，人们对工业品的需求是无限的，而对农产品的需求则有一个最大生理极限。乔根森模型认为人们对粮食需求的收入弹性不变，当农业剩余不可避免地出现后，农业的发展就会失去需求拉动的刺激，农村劳动力就会转向需求更加旺盛的工业部门。

第五，在最终的结论上，乔根森模型认为工业部门和农业部门的收入差距不是农村劳动力转移的主要原因，它特别强调了农业技术进步导致的农业剩余的出现以及消费需求结构的变化对二元经济发展的重要意义。

可见，乔根森模型在较大程度上发展了古典二元结构理论，但该模型并没有解释广大发展中国家在城市存在失业现象时农村劳动力仍源源不断地涌向城市的客观事实，其对现实解释力仍显不足。

2. 托达罗模型

美国经济学家托达罗（Todaro）于 1969 年在《美国经济评论》上发表的《欠发达国家劳动迁移与城市失业模型》一文弥补了上述缺陷，被称为托达罗模型，其主要假设和观点如下。

第一，和乔根森模型一样，该模型假定传统农业部门不存在剩余劳动力，即农村不存在失业。

第二，和乔根森模型不同的是，该模型认为城市中存在大量失业现象，其原因在于存在非市场因素的干扰，如工会对劳动权益的过度保护或政府倾向于劳工的收入政策等都将导致现代工业部门的工资水平比市场均衡工资水平要高。

第三，该模型认为城市中还存在非正式部门，转移到城市中处在失业状态的农村劳动力在找到正式工作之前可以在非正式部门依靠简单劳动维持生存。

第四，城市存在失业就意味着现代工业部门创造的就业机会不足，该模型进一步假定现代工业部门未来新创造的就业机会在失业群体中随机分配。

第五，托达罗模型进一步认为在城市现代工业部门存在失业的情况下农村劳动力进入城市的决策并不是建立在城市现代工业部门和传统农业部门现在的收入差距之上，而是建立在预期收入的差距之上。城市新进入劳动者的预期收入等于现代工业部门的收入与找到工作的概率的乘积，由于城市现代工业部门新创造的就业机会是随机分配的，因此新进入者进入城市的时间越长，其被雇用的概率就越大。也就是说，只要新进入者预期城市净收入的现值超过了预期的农村收入，就有理由进行迁移决策。

第六，该模型的政策含义也是显而易见的，即降低城乡实际收入差别是缓解城市失业压力的重要举措，"二战"后广大发展中国家城市大量失业，正是由重工抑农政策及城乡预期收入扩大所造成的。而减少城市中的失业仅仅依靠城市现代部门的扩张是不行的，城市现代工业部门每新增加一个就业岗位，会吸引更多的农村劳动力加入到失业大军中来，因此发展农村经济、提高农村居民的收入水平是解决城市失业问题的出路之一。

可见，托达罗模型对农村劳动力流动的解释更加符合发展中国家的现实，但该模型忽略了人的社会性特征和社会网络在劳动力迁移过程中的重要作用（程名望，2007），因此该模型对现实的解释也稍显不足。

（四）伊斯特林—斯塔克的相对贫困假说

托达罗模型的预期收入假说对于经济体系中广泛存在的劳动力由乡到城的流动具有较强的解释力，但该模型没有办法解释在面对同样的城市较高预期收入的情况下农村劳动力转移的动机并不一致的情况（蔡昉、都阳，2004）。如托达罗模型无法解释具有最高人力资本的农村劳动者的选择并不是由乡到城的异地转移而是本地化从事非农就业（Zhao，1999），也无法解释最贫困的农户往往并不具有最强烈的迁移动机（Du，2000），对这些问题需要从其他视角加以解释。

伊斯特林（Easterlin）是较早地借用相对贫困假说来解释人的经济行为的经济学家，在此基础上 Stark 与 Taylor（1991）提出了一个系统分析相对贫困和迁移之间关系的分析框架，一般称为伊斯特林—斯塔克的相对贫困假说。该假说认为影响农村劳动力流动的因素除了绝对预期收入差异之外，还取决于由相对收入导致的按照流出地的期望生活标准感受到的相对贫困以及迁移之后按照接收地的期望生活标准感受到的相对贫困（Stark et al.，1991）。那些按照流出地的期望生活标准感受到相对贫困的农村劳动力由农村向城市迁移的意愿更加强烈，而迁移之后按照接收地的期望生活标准感受到的相对贫困又会阻止其在长期内融入迁移地。

伊斯特林—斯塔克的相对贫困假说将人的社会性特征和社会网络等因素纳入劳动力转移的分析框架中来，弥补了托达罗模型的不足。同时，该模型也较好地解释了"很多劳动者不选择永久迁移"的命题，对中国广泛存在的不彻底的劳动力流动现象具有较强解释力。

（五）新劳动力迁移理论

以上理论对农村劳动力是否转移的分析基本上是建立在个人决策基础之上，而以 Stark（1991）为代表的经济学家则把劳动力转移分析的视角从单纯的个体决策进一步转向以家庭为单位的决策，分析家庭福利最大化下的转移行为，被称为新劳动力迁移理论。新劳动力迁移理论将投资组合理论与契约安排理论引入解释框架中，具体如下。

投资组合理论：该理论把证券市场构造投资组合降低投资风险的理念应用到劳动力迁移决策分析中，其主要观点是传统农业生产面临的自然风险和市场风险较高，家庭劳动力资源全部配置在农业生产上的风险非常高，因此家庭劳动力资源进行多样化非农就业配置即一部分家庭成员外出打工获取非农收入对降低家庭风险至关重要。

契约安排理论：该理论认为家庭中的劳动力是否迁移受制于其和剩余家庭成员共同达成的契约安排，在契约安排中转移者对家庭的汇款行为意义重大，这是因为家庭其他成员需要对准备迁移的劳动力进行先期投资，而家庭其他成员这样做的目的是期望在未来得到以汇款为载体的预期收益。

刘易斯开创了二元结构理论，并解释了劳动力无限供给条件下工业持续拓展问题，费景汉—拉尼斯模型及乔根森模型解释了农业为什么可以持续供给劳动力，托达罗模型的贡献是通过把预期收入纳入模型解释了发展中国家为什么在城市存在失业的情况下农村劳动力仍会流向城市，后面的学者则从相对收入和家庭契约角度解释了农村劳动力持续进入非农产业和城市的现象。总之是层层修补，力图最大限度地把现实中各种形态的农村劳动力非农就业转移和城市化迁徙都能纳入理论中。但这一长串理论实际上只回答了一个问题，那就是农村劳动力为什么转移，没有也不可能考虑中国特殊的制度背景，更不涉及空间和代际流动问题。所以，该二元结构理论也只能作为本书思考的基础，而不可能直接成为本书分析中国农村劳动力非农就业转移，以及城镇化迁徙和空间选择与代际效应的工具。

二 农村劳动力非农就业空间选择及其影响因素的相关研究进展

农村劳动力非农就业空间选择及乡村人口城市化迁徙流动涉及两个层面：一个是大尺度空间，比如东、中、西部及省际的流动；另一个是中小尺度空间，比如省域内从省会城市到省辖中心城市再到县域乃至乡镇等不同层级区域结构的流动。国内文献对非农就业空间及乡村人口流动迁徙的研究也是从这两个视角着眼的，但使用的数据资料差异较大，一种是基于微观农户调查取得的数据，另一种是使用官方统计数据。下面本书就针对使用两种不同数据资料，从省际和省内不同层级空间农村劳动力非农就业转移，以及乡村人口迁徙流动进行研究所提出的各种观点加以梳理评述。

（一）基于微观调研数据的农村劳动力非农就业空间结构的相关研究

在现有文献中，基于微观调研数据的农村劳动力非农就业空间选择研究，兼顾和覆盖了大、小两种尺度空间，也就是类似东、中、西部务工地带[①]和省域（区域）内务工所在地的城镇层级（行政区划层次）两个层面[②]（覃凤琴、陈杭，2019）。但从农村劳动力非农就业转移与新型城镇化互动视角来看，以城镇层级来划分务工空间无疑具有更加重要的现实意义，因此本部分将以城镇层级为主、以务工地带为辅对现有文献进行梳理。

先来看农村劳动力非农就业空间在务工地带意义上的特征。总体上来看，不管影响因素如何复杂，劳动力总是由相对贫困的地区向经济发展水平较高的地区流动（覃凤琴、陈杭，2019），通过人口的流动弥补地域上显著的工资收入不足（祝树金等，2009；王小勇，2006）。从全国层面来看，范剑勇等（2004）根据 1997 年、1998 年、1999 年三年国家统计局农村社会经济调查总队、劳动和社会保障部联合调查所得的 6.8 万个农户数据的分析结果认为，跨省劳动力流动的方向是从人口密集、产业基础薄弱的中部地区和西南地区向非农产业集聚的东南沿海地区转移。现有文献对农村劳动

---

① 基于微观劳动力调研数据的文献中对于务工地带的划分也不尽相同，但是采用东、中、西部三大经济带居多（高更和等，2009；高更和等，2012；杨慧敏等，2014；付振奇等，2017）。其中，东部沿海地带包括辽宁、北京、天津、上海、河北、山东、江苏、浙江、福建、广东、广西、海南，中部地带包括黑龙江、吉林、山西、内蒙古、安徽、河南、湖北、湖南、江西，西部地带包括重庆、四川、云南、贵州、西藏、陕西、甘肃、青海、宁夏、新疆。

② 也有一部分文献考察农村劳动力外出务工距离（物理意义上的距离）及其影响因素，如高更和等（2008）就把务工距离划分为 100km 以内（本地）和 100km 以外（外地）两类。但纯粹的物理意义上的务工距离不是本书关注的重点，因此本部分的文献梳理没有包括此类研究。

力就业空间的研究还是基于河南省的微观调查数据居多，并产生了一些有价值的成果。高更和等（2012）通过对河南省11个不同类型样本村的调查显示，农民工在东、中、西部三大经济地带的务工比例分别为60.89%、37.09%、2.02%，即河南省农村外出务工人员的就业空间主要集中在东部经济发达地区，而调研样本所在的中部地区并未形成最核心的务工区域，西部地区由于就业机会有限或距离较远的缘故所占比例最小。而杨慧敏等（2014）通过对河南省18个地级市33个样本村的调查数据的分析却得到了不同的结论，他们的研究结果显示，东、中、西部务工人员占全部样本的比重分别为38.13%、49.95%、5.75%。也就是说杨慧敏等（2014）的研究认为务工来源地即中部地区显得特别重要，甚至超过东部地区，这可能与其调研村庄的选取有关。覃凤琴和陈杭（2019）把农民工务工地区划分为东北地区、华北地区、长三角地区、中西部地区、珠三角地区，并基于对江西、安徽和河南三省的农民工问卷调查得到了各地区占外出务工人员的比重分别为2.31%、7.69%、55.69%、13.85%、20.46%。虽然覃凤琴和陈杭（2019）的研究并没有明确告知各个地带所包含的省份，但是长三角和珠三角所在的东部地区为主要务工地是毋庸置疑的。

可见，微观调研数据能够回答按务工地带划分的农村劳动力在东、中、西部流动的空间结构，但对于政策制定者尤其是省级以下各级政府来说，按务工地带划分的空间结构显得太过宏观，这对各级地方政府在其行政区划内制定与劳动力转移相匹配的政策（如城镇体系规划、教育等公共资源投入等）提供的支持有限。可喜的是，微观农村劳动力调研数据能够以流出地为基准，进一步判断农村劳动力在城镇层级（行政区划）上的分布状态，对政策制定意义非常重大。但由于经济地理的复杂性和多样性，影响农村劳动力外出就业空间选择的因素随调查样本的不同而不同，故基于不同样本得到的结论也会有所差别，但总体而言，农民工的流动方向和务工地的选择具有分散与集中相结合的特征（高更和等，2012；杨慧敏等，2014）。刘家强等（2011）在2009年进行了"农村劳动力迁移行为"问卷调查，该问卷以河北省11个地市为主，同时选取东北地区的吉林长春、中部地区的河南安阳、西部地区的陕西商洛作为补充，调查结果显示，农民工务工地点在本地县域（包括中心镇在内的县城）、本省中小城市（地级市）、本省大城市（省会城市）和省外的人数占总样本的比例分别为40.29%、16.50%、26.46%、16.75%。刘家强等（2011）的研究显示，本地县域在农村劳动力外出务工空间上特别重要，其次为调研地区所在的省会城市，而省外作为务工地点的作用并不突出，这可能是由选取的调研地点全为黄河以北且也并不是以出省务工为主的地区所致。而付振奇等（2017）利用覆盖28个省区市的华中师范大学"百村（居）观察"项目数据得到了农村劳动力务工地点呈现省外、县外省内、乡外县内流动的空间顺序,[①] 该研究虽然没有对县外省内的务工空间作进一步细分,但将省外流动对于农民工的重要性放到了最重要的位置。另外,由于该篇文章采取了区间分布地图的形式展示数据,因此并不清楚上述地理空间次序的具体数值如何。

具体到河南省来说,由于庞大的农村劳动力群体以及任重而道远的城镇化之路,现有文献对河南省农村劳动力外出就业空间类型的划分更加细致,除了本地县域以及省外两个务工地点之外,大多把县外省内又进一步细分为县外市内和市外省内。高更和等(2009)对南阳市三个样本村的调查数据显示,农民工外出务工主要集中在调研地点所在的河南省以及经济发达的广东省,两地务工人数占总外出务工人数的比重分别为 47.9% 和 31.5%,而省内务工地点虽然划分了县内、县外市内、市外省内,但该项研究并没有明确告知详细数据信息,因此对于农村务工人员省内的城镇体系分布不得而知。而高更和等(2012)随后作了进一步研究,他们通过对河南省 11 个不同类型的样本村的调查发现,农村外出务工人员主要在距离[②]家乡比较近的县内和经济比较发达的省外务工,两者分别占样本数的 24.37% 和 63.58%,相应的县外市内(3.95%)和市外省内(8.09%)占比就比较低,

---

① 该篇文章中也把村外乡(镇)内当作一个务工空间,但这种划分不符合经济学意义上的外出流动,但即使剔除村外乡(镇)内这一类别也不会改变该研究中省外、县外省内、乡外县内的空间次序。

② 此处的距离并非完全意义上的物理距离,而是以本村为基础的行政区划意义上的距离,具体详见第四章解释。

即外出务工城镇层级结构呈现两端多、中间少的"U"形特征。但随后杨慧敏等（2014）的研究则没有得到两端多、中间少的"U"形特征，他们对河南省18个省辖市33个样本村的田野调查数据分析结果显示，河南省农村外出务工人员在县内、市内、省内、省外的分布比重分别为13.57%、16.04%、14.02%和56.37%，县内、市内和省内差别不大，省外异常突出。郑云和李小建（2016）的研究把河南省农村劳动力外出就业空间进一步划分为本乡镇、本县（除本乡镇）、本市（除本县）、本省（除本市与本省省会）、本省省会、省外六类，他们基于河南省17个地级市的196个村的抽样调查数据的研究结论认为河南省农民工在上述就业空间的分布状况分别为4%、5.2%、11.7%、3.4%、10.4%、65.3%。虽然该篇文献把本乡镇也作为外出务工地点之一，但是不难看出省外仍然是河南省农村外出务工人员最重要的就业地点，而省内主要分布在省会郑州和外出劳动者家乡所在的地级市，县内仍然不是务工的主要地点。

上述文献基于微观调查数据对大尺度空间非农就业转移和乡村人口城市化迁徙流动研究所得出的结论基本一致，那就是由中西部欠发达地区向东部发达地区，尤其是向长三角、珠三角地区流动聚集趋势异常突出。但对小尺度空间也就是省域或区域内不同层级城镇体系研究的结论不尽一致。主要的争议点是本县对于吸纳非农就业劳动力的作用不同，有的结论认为与省会城市和省外发达地区一样重要，有的结论则不支持这一观点。

（二）基于人口普查数据的人口流动空间结构的相关研究

与微观数据的差异化个性特点相比，基于人口普查数据得到的人口流动的空间结构似乎更具有代表性。先来看省际层面的人口流动。从横向来看，现有文献大多认为省际层面的流动人口流向的空间特征呈现典型的由中西部的人口大省向东部和南部沿海发达地区的少数省份和少数城市集中的空间地理特征（段成荣、杨舸，2009；王桂新等，2012；段成荣等，2013；徐姗等，2016）。但从纵向来看，省际层面的流动人口在东、中、西部的流向分布经历了先集中后扩散的显著变化（国家卫生健康委员会，2018），即省际的流动人口向东部集中的趋势得到了一定程度的遏制。《中国流动人口发展报告2018》之报告一①提供的数据显示，东部地区一直都是省际流动人口的主要聚集地，其吸纳的省际流动人口的比重从1990年的58.5%增加至2005年的84.6%，随后缓慢回调下降至2015年的78.2%；而中部和西部两大地区跨省流动人口比重相应在逐步增加，两者分别从2005年的5.4%、10.0%增加到2015年的8.7%、13.1%，分别增加了

---

① 该书的"报告一"以人口普查数据以及1%的人口抽样调查数据为分析基础，下同。

3.3 个、3.1 个百分点；其中，2010～2015 年中部地区吸纳的省际流动人口增加较快，2005～2015 年 3.3 个百分点的增加量中该阶段贡献了其中的 2.8 个百分点。

但如果把考察的地域视角进一步延伸至省内，整个社会的流动人口除了以上说到的省际流动人口之外，还存在规模更加庞大的省内流动人口。《中国流动人口发展报告2018》之报告一提供的数据显示，1990 年、2000 年、2005 年、2010 年、2015 年五个年份的省内流动人口占比分别为73.9%、63.6%、53.9%、57.4%、60.6%，即省内流动占比呈现先下降后上升的趋势，而相应的省际流动占比则是先上升后下降。有的学者根据流动人口在省际和省内的相对变化得出中国已经进入以省内迁移为主、省际流动为辅的人口流动的新阶段这一结论（王桂新等，2013；徐姗等，2016）。且相较于省际人口流入的东部地区而言，作为省际人口流出的中西部地区的省内流动的特征更加明显（乔晓春、黄衍华，2013；刘锐、曹广忠，2014）。省际人口先向东部集中后向中西部分散以及中西部地区更加突出的省内流动人口的比重先下降后上升就意味着整个社会的流动人口在东、中、西部地区之间的分布也呈现先集中后扩散的过程：2005 年之前，流动人口明显向东部集中，从 1990 年的 49.2% 增长至2005 年的 64.6%，2005 年流动人口在东部集中的趋势达到历史的顶峰，随后快速下降，2015 年东部吸纳的流动人口占比下降至 54.8%；与此同时，流动人口向中西部分散的趋势越来越明显，2005～2010 年，中部和西部地区的流动人口占比分别从 17.2%、18.3% 增加到 21.7%、23.5%，分别增加了 4.5 个、5.2 个百分点。

如果把视角进一步延伸至微观层面的流入目的地，整个社会的流动人口流向的微观空间结构则呈现非均衡性特征。从单个目的地的流入规模来看，流动人口流入目的地具有显著的大城市指向（徐姗等，2016）。从时间趋势来看这种向大城市聚集的指向特征更明显，六普数据显示，2010 年吸纳流动人口最多的前五个城市（上海、北京、深圳、东莞、广州）占当年流动人口总量的 24.27%（夏怡然等，2015），而 1% 的人口抽样调查数据显示，2015 年吸纳流动人口最多的前五个城市（深圳、上海、北京、广州、成都）占当年流动人口总量的 33.80%，即流动人口向大城市集中的趋势不仅没有改变反而越来越集中（黎嘉辉，2019）。流动人口向大城市集中的特征在中西部地区仍然存在，近年来中西部地区逐渐形成了以省会等特大城市（刘涛等，2015）及其邻近区域、高工资城市为代表的流动人口集聚中心（郭永昌，2012）。但相较于大城市而言，中小城市的流动人口聚集能力明显不足（徐姗等，2016）。也就是说城市规模的大小与其吸纳流动人口能力的强弱有密切关系，但也要注意到，虽然单个中小城市吸纳的流动人口在规模上肯定比不上大城市，但部分中小城市、县城和小城镇的流动人口的比重占城镇常住人口的比重并不低（刘涛等，2015），尤其是最低层级的县镇①由于城镇人口基数小、数量多，其整体上吸纳的流动人口总量甚至比中等城市还要大。因此，如果把大中小城市以及县镇分别当作一个整体来看，流动人口的空间结构呈现"首末两端"的聚集特征，即向最高层次的 300 万人以上的大城市和最低层次的县镇地区高度聚集。根据五普、六普的数据，两者吸纳的流动人口占比分别从 2000 年的 26.1%、23.7% 上升到 2010 年的 34.6%、24.1%，而其他层次的流入地均呈现不同程度的下降（陈晨、赵民，2016）。②

上述文献基于人口普查数据对大尺度空间人口迁徙流动所进行的研究，结论与前述基于微观调查数据的研究的一个差异是，把区域间人口迁徙流动放在时间序列观察，不同时间流量比重有变化，即先是集中流向东部沿海地区，后是逐渐向中西部地区回流。这大概与近年来中西部地区工业化城市化快速推进的实际相一致。但即使显现出些微回流趋势，总体上东部长三角、珠三角地区还是承接了绝大多数的省际流动人口。这些研究还有一个很有价值的结论，那就是从小尺度空间观察，非农就业劳动力和乡村人口越来越多地被省

---

① 人口普查数据中并没有区分县政府所在的镇及其下辖镇。

② 需要说明的是，目前基于人口普查数据的研究都是把流动人口流向的空间结构划分为跨省流动、省内流动，而省内流动又包括省内跨市、市内跨县以及县内流动。但还有一些学者的研究可能出于某种目的，并没有按照此类划分方法。如但俊和阴劼（2016）为了研究"县内流动与就地城镇化"这一命题，把流动人口流向的空间结构划分为跨省流动、省内跨县（区）和县（区）内流动三种，也就是说他们的研究中的流动人口是不排除市辖区内人户分离人口，因此他们通过分析"六普"以区县为统计单元的流动人口数据发现，县内流动人口占总流动人口的比重为 60.4%，并就此得到了县内流动是中国人口流动的主要力量这一结论。

会城市和特大城市吸纳的现象突出，不论东、中、西部地区都是这样。

（三）农村劳动力非农就业空间影响因素的相关研究

农村劳动力非农就业空间选择受到很多因素的影响，分析这些影响因素，可以进一步弄清楚各种不同类型非农就业群体的空间选择倾向，既可以启发城镇化等相关政策思考，又可以为后续的代际流动研究提供基础。现有文献对农村劳动力非农就业空间影响因素的研究主要从个体因素、家庭因素以及村庄环境因素三个角度来展开分析，但由于研究视角或者微观数据本身的特殊性，不同的文献选择的具体变量并不完全一致。

1. 个体因素

农村外出劳动力选择哪一层级的就业空间是由每一个微观个体最终来决定的，劳动者的性别、年龄、婚姻、受教育程度、职业技能、健康状况等微观个体特征对其外出就业空间结构无疑会产生直接影响。

现有文献都认为性别和年龄是影响农村劳动力外出务工的重要因素，结论为男性、年龄较小者更倾向于外出打工（Hare，1999；Zhao，1999a；都阳等，2003；张晓辉等，1999；朱农，2002；付振奇等，2017）。受此影响，对农村外出劳动力就业空间选择的文献也都涉及这两个变量，且研究结论基本一致。其中，性别对农村劳动力就业空间选择的影响为正，即相较于女性来说，男性在较大空间务工的概率更高（高更和等，2009）。年龄对农村劳动力就业空间选择的影响为负，即年龄大小与务工距离成反比，年龄较小者在更大空间务工的概率更高，而年龄较大者则倾向于短距离务工（高更和等，2009；高更和等，2012；杨慧敏等，2014）。刘家强等（2011）特别关注了年龄与省外这一远距离务工的关系，研究发现农村外出务工者年龄每增加 10 岁，省外作为就业地选择的概率将会降低 3.67 个百分点。

农村外出劳动力的婚姻状况也受到现有文献的广泛关注，但婚姻状况对农村劳动力是否外出的影响没有一致的结论。朱农（2002）和都阳等（2003）利用问卷调查数据、张晓辉等（1999）利用农业部农村固定点调查数据的实证研究结论认为，未婚更倾向于外出务工，但是付振奇和陈淑云（2017）利用华中师范大学"百村（居）观察"项目数据的研究则认为，已婚者外出的可能性要远大于未婚者，更有意思的是卢飞和刘明辉等（2019）利用 CHIP2002、CHIP2013 的数据分别得到了已婚群体更愿意外迁和已婚群体更不愿意外迁的相反结论。婚姻状况对农村劳动力外出影响的不确定进一步导致其对就业空间选择影响的不确定，现有文献对农村劳动力外出就业空间选择的实证研究中婚姻这一变量的回归结果显著性不强，且具有显著性的回归结果之间也相互冲突。如付振奇和陈淑云（2017）利用华中师范大学中国农村研究院 28 个省区市的"百村（居）观察"项目数据的实证研究认为，相对于未婚群体而言，已婚的农村劳动力可能出于照顾家庭的角度考虑，其务工距离相对更短。但杨慧敏等（2014）基于河南省 33 个样本村的调研数据的研究则认为，已婚的农村外出务工人员就业空间的选择范围较大，而未婚人员则恰恰相反。

再来看个体受教育程度的影响，由于教育水平的提升会明显增强个体的竞争力，但这种竞争力的提高无论是在本地就业还是外出流动都是存在的，因此教育水平的提高对农村劳动力流动存在双重影响（谭华清等，2018）。这直接导致现有文献对教育与农村劳动力是否外出的研究也没有得出一致的结论：一方面，学历越高的农村劳动者其外出务工的能力就相对越强，相应外出的可能性也越大（Parish 等，1995；张晓辉等，1999；付振奇等，2017）；另一方面，在其他条件不变的情况下，受教育程度越高，越有可能在当地从事比较好的非农工作，相应的外出流动的经济动机就相对较弱（赵耀辉，1997；Zhao，1999a；蔡昉等，2000；朱农，2002）。受此影响，受教育程度对农村劳动力就业空间选择的影响也是现有文献广泛关注的一个问题，但计量回归结果大多数都不显著。杨慧敏等（2014）的研究不仅是显著的且认为农村外出务工人员的受教育程度与就业空间选择范围呈负相关关系，即受教育程度越高越有可能在较小空间范围内就业。

除了以上个体因素以外，刘家强等（2011）还考察了农村劳动力劳动技能对其就业空间的影响，研究结论认为拥有一技之长的农村劳动力比较倾向于选择本省大城市（省会城市）以及跨省就业，而没有技能的农村劳动力在本省中小城市以及县域内就业则比较突出。还有的学者从劳动者的健康状况展开研究，如王智强、刘超（2011）和李富强等（2014）的研究认为农村外出务工人员的健康状况对外出行为有积极影响，秦立建等（2014）进一步认为健康状况与外出迁移距离成正比。

2. 家庭因素

按照新劳动力迁移理论，农村外出务工人员的务工行为并不单纯是个人的决策，相应的其就业空间选择也并不单纯是个人的决策，其还会受到家庭因素的影响，即农村外出务工人员选择哪一层级作为务工地点是建立在家庭福利最大化基础之上的决策行为。

"家务管理"是影响农村外出务工人员个人空间流动决策的重要因素（杨慧敏等，2014）。其中，家庭的代数以及正在上学的人数反映了农村外出务工人员与家庭感情纽带的牢固程度以及相应抚养系数的高低，一般来说农村外出务工人员的家庭代数与正在上学的人数越多，出于家庭责任其在更大空间务工的概率就会更小，高更和等（2009）的研究支持了这一结论。在其他条件不变的情况下，农村家庭劳动力数量越多，家庭的劳动力就相对充裕，该家庭中的成员外出务工的可能性就越大（胡枫，2007）。农村家庭劳动力数量同样会影响到家庭劳动力资源在空间上的配置，高更和等

（2012）和杨慧敏等（2014）的研究都认为，家庭劳动力数量越多，农村外出务工人员在选择就业空间时受到的家庭因素的牵绊就会越少，相应的就业空间的范围就会越大。还有一些文献考察了农村外出务工人员家庭农业生产条件与外出务工空间的关系。付振奇等（2017）以亩均承包地投资额来衡量家庭农业生产条件，实证研究结果显示，农村外出务工人员家庭的亩均投资额与其务工空间选择呈正相关关系，即家庭亩均投资越大，其家庭成员越倾向于距离家乡更远的空间务工。而刘家强等（2011）以家庭农业生产机械化程度来代表家庭农业生产条件，并认为以家庭农业生产机械化为代表的农业生产条件的改善并不利于跨省这一远距离的务工，反而更有利于选择本地中心城市就业。可见，家庭农业生产条件与外出务工空间选择之间的关系并没有得到一致结论。

人均耕地面积对农村外出务工人员就业空间选择有两个方面的影响。第一，根据伊斯特林—斯塔克的相对贫困假说，在其他条件相同的情况下，家庭人均耕地面积越大，相应的家庭农业资源禀赋就越多，该家庭成员外出务工的动力就相对越弱，即使外出也倾向于近距离。高更和等（2009）基于南阳市三个村庄调研数据的实证研究认为，农村外出务工人员的家庭人均耕地面积与务工空间范围成反比，即家庭人均耕地面积越大其务工空间范围越小甚至不外出，但是该变量的回归结果并不显著。第二，人均耕地面积有可能与村庄所在地的地形等自然条件以及交通状况有关，人均耕地面积越大，其家庭所在地越有可能远离城区，相应的村庄经济基础比较薄弱，这些地区的劳动力更倾向于在较远地区务工。高更和等（2012）基于河南省 11 个村庄调研数据的实证研究推翻了此前高更和等（2009）的研究结论，研究结论认为人均耕地面积越大，在外地务工的概率越大，反之亦然。杨慧敏等（2014）根据河南省 33 个村庄调查数据的研究进一步认为，家庭人均耕地面积与务工空间范围成正比，即家庭人均耕地面积越大其务工空间范围越大，且该变量的回归结果在 1% 的水平上显著。可见，人均耕地面积对河南省农村劳动力就业空间的影响同样也没有一致的结论。

3. 村庄环境因素

人的行为是特定环境的产物，农村外出务工人员就业空间的选择同样受到经济发展水平、交通区位、关系网络等村庄环境因素①的影响。

在村庄环境因素中，农村外出务工人员所在村的经济发展水平对其外出务工空间的影响受到的关注最多，现有文献大多认为村庄经济发展水平与农村外出务工人员务工空间范围成反比（高更和等，2009；刘家强等，2011；高更和等，2012；杨慧敏等，2014）。也就是说，村庄经济发展水平越高，农村外出务工人员在以村庄为基础的周边地区找到工作的概率越大，在获取收入的同时也能够取得照顾家庭的某种

---

① 有的文献称之为社区因素，如高更和等（2009），有的文献称之为村庄环境因素，如付振奇等（2017），而后者更加符合经济学含义，故本书采纳后者。

平衡，以短距离为主的务工空间是最优选择。

　　村庄地形、交通区位等村庄环境变量也会影响到农村外出务工人员的就业空间选择，但是村庄地形、交通区位与村庄经济发展水平密切相关，也就是说村庄经济发展水平对农村外出务工人员就业空间的影响机制也同样适用于这些变量。现有文献一般把村庄地形按照崎岖程度依次划分为山地、丘陵和平原三种，并认为村庄地形越崎岖，其经济基础就越薄弱，该村及其周围提供的就业机会就会相对不足，相应地该村村民谋求更广空间务工的概率就会越大（高更和等，2009；高更和等，2012）。村庄的交通区位状况对农村外出务工人员就业空间选择也具有重要影响，高更和等（2012）基于河南省11个村庄调研数据的实证研究认为，村庄离最近公路以及离县城或城市距离越远，在当地寻找工作的难度越大，该村劳动力在外地务工的概率越大，反之则倾向于在离家乡比较近的县城或城市务工，付振奇等（2017）利用28个省份数据的实证研究也得到相似的结论。刘家强等（2011）进一步认为，村庄交通状况的改善会更加有利于农村外出务工人员选择在本地中心城市就业，这一结论对正在推进的新型城镇化而言具有极强的政策含义。

　　村庄务工比例与劳动力外出就业空间选择的关系也受到了关注，付振奇等（2017）的研究认为两者呈负相关关系。可能的原因在于，务工比例越高的村庄，其经济基础或者交通区位相对较好，正如上面所说农村劳动力将会倾向于近距离务工，这样一种选择能够达到获取收入和照顾家庭的某种平衡。

除了以上村庄环境变量外，很多研究认为社会网络对人口迁移或流动目的地选择具有重要影响（Bauer et al.，1997；Espinosa et al.，1997；Roberts，2001；蔡昉等，2001；Bauer et al.，2002；Haug，2008）。但对于农村劳动力外出就业空间的选择而言，社会网络的作用可能会更加突出，中国典型的农民工群体往往是依靠血缘、亲缘、地缘为主的"三缘"社会关系网络的支持进入城市劳动力市场的（董雯等，2009；杜鹏、张航空，2011），社会网络关系下的农村外出务工更可能会成为一种村落范围内的集体行动（付振奇等，2017），并形成十分明显的同村 10 人以上在同一城市务工的务工簇现象（高更和等，2012）。这主要是因为相对于其他流动人员而言，农村外出务工人员的经济与社会资源有限，其孤身一人进行外出务工决策时面临的未知风险较大，而社会网络能够为农村外出务工人员提供工作信息、生活照顾、情感支持甚至资金帮助，使农村外出务工人员外出务工初期面临的未知风险大大降低。高更和等（2009）和高更和等（2012）的实证研究均认为社会关系网络对农村劳动力外出务工空间选择具有正相关关系，即农村外出务工人员的关系网络越复杂越能为其远距离务工提供必要的帮助。

上述文献对农村劳动力非农就业空间选择影响因素的研究，对有些群体得出了肯定性结论，比如年轻人、男性更倾向于选择距离家乡较远的空间实现非农就业，距离县城较远的村庄非农就业劳动力也容易选择远距离空间，距离县城较近村庄的非农就业者更倾向于选择较近的就业空间，利用社会网络就业更容易选择至远距离空间，等等。对另一些群体则不具有确定性，比如结婚与否、受教育程度等。这些结论都很有意义，要么可以成为研究代际流动的很好参照，要么启发我们进一步向更细微处思考。

三　农村劳动力非农就业与代际流动研究进展

阶层之间的垂直流动是社会活力的体现，也是支撑社会良性运转与经济长期增长的关键因素。社会流动性不足会使阶层固化，出现严重的社会不公平，降低社会经济运行效率。代际流动性是衡量社会流动性的重要指标，代际流动性不足意味着代际贫富传承两极分化和阶层固化加剧，社会失去活力。所以，代际流动成为近些年来重要的研究热点。代际流动问题的研究方向很多，秦雪征（2014）认为，代际流动的研究目前有三个方向：第一个方向是关于代际流动性的大小的估算研究，如通过数据计算一个地区或国家的代际弹性系数或相关系数来估算其代际流动性的大小；第二个方向是对代际流动性对社会带来的影响进行评估研究；第三个方向是深入研究影响阶层代际传递的因素，如教育、职业地位、社会地位等。其中教育代际流动和职业地位的代际流动是影响代际传递的两个重要因素，农村劳动力的非农就业是否对其教育代际与职业代际产生影响是本书重点关注的问题，因此本研究主要从两个方面进行文献的梳理。

（一）农村劳动力教育代际流动研究

1. 教育代际流动的理论模型研究进展

教育代际流动的理论研究最早可以追溯到 20 世纪 60 年代，Becker（1967）、Schultz（1969）较早地探讨了人力资本代际转移问题，并对这种特殊代际转移现象进行了描述。Solon（1999）首次对代际转移进行了明确定义，认为"子代的产出水平与其父母的特质联系在一起"，教育代际流动的核心问题表现在子代的教育水平在很大程度上由其家庭决定（汪小芹，2018）。

最具有代表性的教育代际转移模型由 Becker 和 Tomes（1979，1986）提出，该模型假设家庭中父母只有一个后代，父母会将其所有的收入分为两个部分，一部分用于满足父代的基本消费需求，另一部分则用于对子女的人力资本进行投资。这个家庭的下一代可以从家庭的人力资本投资中提升自己的技能，从而实现其相对于父代的代际增长。作为人力资本的重要体现，其教育代际转移可以通过两条途径进行：一是父母的基因遗传因素；二是家庭环境因素，包括家庭收入、父母的教育背景、家庭的社会资本等。该模型成为代际流动研究的重要基础理论框架，后续学者的研究多是基于此模型进行扩充，通过纳入更多的家庭内外部环境因素来考察子代的代际流动。如 Eide 和 Showalter（1999）将教育年限引入该模型后，实证代际系数降低了 50%，表明教育是代际流动的重要因素；Becker 和 Tomes（1986）将信贷约束引入该模型，指出穷人受到信贷约束的可能性最大，信贷约束会影响下一代的成长，对其教育、职业地位流动产生影响；Lucas 和 Keer（2012）也证明了信贷约束对代际流动性的作用。Cabrillana（2009）进一步假定资本市场不完善且是内生的，借款人和放贷人之间的信息不对称使放贷人更愿意放贷给那些能力强的人，从而使穷人人力资本上升，也有机会实现阶层向上流动。Solon（2004）则引入了公共教育投资、能力、种族、社交网络等，进一步阐述了公共教育开支的递增将带来子代的教育流动提升，进而推动社会流动性的上升。Becker 等在 2018 年进一步发展了该模型，研究了市场力量、横截面不平等和代际流动性之间的联系，考察了短期和长期流动性如何得到人力资本回报的变化，其研究结果强调人力资本生产的互补性，认为富裕的父母比贫穷的父母对后代的投资更多，并进一步指出父母和孩子的人力资本之间的均衡关系可能是凸的。这种凸性导致特别高的持久度。

综观现有教育代际流动的模型，研究者考虑了父代家庭的收入、父代的人力资本、社会地位、家庭外部环境因素、社会教育投入等多个方面。但我们发现这些模型均未考虑父代用于孩子陪伴和教育的时间，而家庭教育是我国下一代教育的重要环节，甚至远高于社会教育对下一代的影响。

2. 教育代际流动的实证研究进展

对于教育代际流动的实证研究主要从子女的先天禀赋、家庭环境、社会环境影响等方面进行考察。

父代对子代的先天遗传对教育的代际影响以 Bjorklund 等（2004）、Plug 和 Vijverber（2003）以及 Anger 等（2010）等多名学者为代表。他们从不同角度验证了父母基因对子女的教育成绩的影响，认为 70% 以上的教育水平的代际转移应该归因于基因遗传。

家庭环境也是影响子代教育代际转移的重要因素，但无论是理论还是实践，均未得到一致的结论。Riphahn 和 Schieferdecker（2012）应用德国 SOEP 数据，采用极大似然 Probit 模型分析了父母收入对子女教育成就的影响，结论表明家庭收入是影响子女教育成就的重要因素，但这种影响会随着家庭收入的增加而逐渐减弱。McIntosh 和 Munk（2007）应用丹麦的调查数据分析认为父母教育水平和职业对子女教育成绩有显著影响但影响力较小。还有一些学者认为，子女的教育成就主要取决于父亲的教育程度，母亲教育程度对子女教育成就的影响机会可以忽略不计（Plug，2004；Bjorklund et al.，2006），主要原因在于这些研究是建立在经济效益分析的基础上，父亲通常是家庭中最主要的收入来源，因此，与父亲教育水平直接相关的收入也影响了对子女的教育投资。

也有学者认为在学校教育阶段，家庭对子女的影响可能会变小，如 Bauer 和 Riphahn（2006）通过对瑞士的数据研究发现，让孩子较早地进入学校接受教育，能够提高教育的代际流动，这意味着学校教育阶段中，学生家庭背景对教育的影响可能变小。

部分学者认为社会的教育回报率与教育的代际流动呈正相关。社会的教育回报率越高，高收入家庭的父母就越有动机将更多资源投资于子女的教育，导致其后代的人力资本和收入处于更高水平。Chevalier 等（2009）通过欧洲和美国的数据研究证实了此观点。Becker 等（2018）进一步指出，代际收入弹性（IGE）随着人力资本回报率向高技能人才的倾斜而增大，即人力资本与收入之间的弹性增大。

政府的公共投入也会对教育的代际流动带来比较大的影响。Mayer 和 Lopoo（2008）通过研究美国政府支出，发现政府教育及医疗支出高的区域，其代际收入流动性更大。卢盛峰等（2015）的实证研究也支持该结论，指出学校、公共设施以及医疗保险等公共服务的完善，有助于子代的职业地位向上流动。卢盛峰等（2015）的另外一个研究表明，社区中如果有学校，则对社区中子代代际职业地位向上流动有帮助。林莞娟和张戈（2015）在研究中指出，对基础教育的投资可以显著提高代际收入流动性水平与社会公平性。陈琳和袁志刚（2012）从宏观的资源配置角度分析认为，我国的教育资源存在严重不均衡，使处于社会底层、贫穷家庭的后代难以平等接受各个层次的教育，这在很大程度上促进了低收入阶层收入的代际传递，降低了代际收入的流动性。

关于政府对教育公共投入的另外一个有争议的热点问题是，基础教育还是高等教育对代际流动性的影响更大？陈琳（2015）通过实证研究指出，将支持力度向基础教育倾斜更为有效；但徐俊武和张月（2015）则认为，大学教育对代际收入流动贡献最大，初中其次，高中最不明显。周明海和徐杨云涛（2017）则从个体是否受高校扩招影响出发研究高等教育对教育代际的影响，其结果认为高校扩招降低了教育代际流动。

已有文献对农村劳动力非农就业空间与常住地的不同对教育代际的影响没有直接研究，与本书关注点最相近的一类文献是移民与教育水平的代际转移。随着全球经济一体化的加快，移民行为在世界各国也变得越来越普遍，因此国外涌现一批研究移民群体的教育代际转移问题。Bauer 和 Riphahn（2006）应用瑞士 2000 年的人口调查数据，比较了移民群体和瑞士本地人的教育代际转移的异同，发现移民的代际教育成就要显著高于本地人。Mckenzie 和 Rapoport（2011）利用美国的人口数据分析了移民美国的墨西哥人的教育代际转移问题，发现移民行为对子代的教育水平具有显著的负面影响，其中的主要原因在于墨西哥移民的目的是获得高于本国的经济收入，为了短期的经济收入反而失去了对子女最佳的教育投资时期。

国内学者就农村劳动力非农就业对代际流动的影响进行了研究，认为家庭对代际流动影响较大。邢春冰（2006）较早地关注了中国农村劳动力非农就业机会的代际流动问题，他运用美国北卡罗来纳大学在 1989 年、1991 年、1993 年、1997 年和 2000 年所做的中国家庭营养与健康调查（CHNS）数据分析了中国农村劳动力非农就业机会的代际流动，研究发现在样本期内中国农村劳动力非农就业机会的代际流动性有所增加，但随着市场经济地位的逐步提升，面对可能存在的有限的工作机会、劳动力市场分割以及信息不对称等方面的问题，家庭提供的社会资本对子代的就业起到越来越大的作用，但并未指出代际教育流动的具体方向是向上流动还是向下流动。孙三百等（2012）运用 2006 年中国综合社会调查数据库和 2006 年中国区域经济统计年鉴数据，从人口迁移的角度分析了家庭迁移对代际收入的影响，他们的研究表明，迁移群体的代际收入弹性明显更低，在控制代际的消费差异后，迁移对个人收入没有显著差异，从影响代际收入流动性的路径来看，中期的政策调整重点在医疗健康，长期的政策调整重点是提高居民教育水平。

国外学者 Becker、Schultz 等从人力资本角度对代际流动进行研究，其模型中考虑了很多影响代际流动的因素，却没有考虑父母陪伴的因素。但正如 Becker（1991）所言，家庭对子女的教育投资包括物质投入和时间投入两个基本组成部分，物质投入包括提供更为优质的学习环境、聘请更为专业的指导教师等，父母在育儿上的时间投入也应被视作是家庭的一项重要的教育代际转移投资，这种时间的投入有利于子代在未来获得更高的教育水平。教育水平高的父母除了可以获取更高收入，同时也可以有更多的时间陪伴和教育子女，所以更有利于子女的身心健康和获得更高的教育成就。这对本书后面将要进行的研究既有启发意义，也是重要的佐证。国外学者在实证研究中考虑了家庭环境对教育代际流动的影响，但未触及农村劳动力非农就业空间转移因素所带来的家庭环境变化的影响，对移民群体代际教育流动影响又是从国际角度说的，并不适用于分析本书所关注的农村劳动力非农就业国内转移带来的代际影响。国内学者对农村劳动力非农就业转移的代际影响有所涉及，但一是时间较早，依据的数据资料与现在情况差异较大，二是并未对流动方向做出判断，三是未考虑本书重点关注的空间问题。农村劳动力非农就业空间的差异对于代际教育流动的影响，现有文献尚未有人对此进行过系统研究。

农村劳动力非农就业带来的另外一个重要社会现象是留守儿童问题（潘璐等，2009），"人户分离"带来了大量的留守儿童（刘祖强等，2006）。周全德等（2006）指出农村留守儿童问题从侧面反映了我国城乡发展、经济与社会发展失衡的现状。目前学界大多从人口学、社会学、教育学、心理学等学科视角来审视农村留守儿童问题（刘祖强等，2006）。人口学侧重研究留守儿童的性别、年龄、分布、生活形态、居住类型、监护类型等特征；教育学侧重于对留守儿童的道德品质问题、学习状况、心理健康、安全生存等问题进行研究；心理学侧重于对留守儿童的心理状况、群体差异性等进行研究；社会学则侧重于从留守儿童的社会化过程、社会交往与社会支持等情况来剖析留守儿童在父母外出后可能受到的影响。另外还有学者（曹建平，2007）从留守儿童的社会化过程、社会交往和社会支持等方面综合分析研究留守儿童群体存在的主要问题；国外一些学者（Gail Mummert，2007）也对人口迁移后留守儿童的生活、学习和情感进行了更为深入的观察和讨论。但这些研究都没有从代际流动性视角进行研究，主要的原因是留守儿童也是农民工"人户分离"背景下的一种问题表现，其对代际流动性的影响都可以归结为农民工外出务工造成的"人户分离"现象。

（二）农村劳动力职业地位代际流动研究

职业地位代际流动研究的起因是对收入代际流动的研究。现有文献在研究收入不平等的代际传递时，更多的是从收入角度或者家庭财富等经济层面的角度展开（何石军、黄桂田，2013；徐晓红，2015；陈纯槿、胡咏梅，2016；汪小芹，2018），相关研究表明，中国近年来的家庭收入代际转移流动性有所提升，但仍处于流动性偏低的阶段（何石军、黄桂田，2013）。随着对收入代际流动研究的不断深化，学者们认识到职业作为收入的重要因素，如果要研究收入的代际流动，那么职业地位的代际流动是一个无法回避的重要问题，职业地位的代际流动逐渐成为学者们的研究热点。不少学者从职业代际流动角度展开了分析，认为社会阶层的固化是收入不平等的根源（Erikson & Goldthope，2002；田艳平，2013；吕炜等，2016；邵宜航、张朝阳，2016；张顺、祝毅，2017；解雨巷、解垩，2019），因为职业与个人的技能水平、教育水平和健康程度挂钩，所以一个人的职业在一定程度上能够反映他所处的经济社会地位，职业地位流动和代际收入流动之间存在密切的联系。

职业作为收入的重要"中介"变量，对收入水平具有重要影响，不少文献从职业代际流动的形成原因入手，分析了社会中职业代际流动的内在机制。综观已有文献，影响职业代际流动的因素主要归纳为三个方面。

一是个人因素。在众多影响代际流动的个人因素中，人力资本对代际流动的影响最为关键。人力资本对代际流动的影响最早是由 Becker 和 Tomes（1979）提出，其认为父代的人力资本会通过两条路径影响子女的收入，一是父代的教育水平会直接影响子女的收入水平，二是父代的教育水平会通过言传身教影响子女的教育水平进而影响子女的职业选择。随后，很多学者开始从人力资本角度研究代际流动。Dunn（2007）运用巴西的抽样调查数据研究表明，教育是实现代际收入传递的最重要途径。Ji（2019）则对比分析了中国、印度和美国的代际流动性问题，研究发现，美国的年轻人更加容易积累人力资本，代际职业流动性比中国和印度更强。

二是家庭环境因素。已有文献验证了父代职业、受教育情况、政治资本等反映家庭背景的变量能够影响子代的职业选择（Dunn & Holtz - Eakin，2000；周兴、张鹏，2014；谭远发，2015）。根据 Behrman 等（2002）的研究，较高职业地位的家庭子代在认知能力和学习能力方面都要普遍高于低职业地位的家庭，子代也会有更高的职业地位；相反，如果父代的职业地位较低，那么子女拥有较高社会地位的可能性也会随之降低，阶层固化的现象普遍存在（Dunn & Holtz - Eakin，2000）。Pérez - González（2006）利用 300 家美国上市公司高管轮换的数据，研究发现超过30%的继任高管与离任高管或大股东之间存在血缘关系或者家族关系。Long 和 Ferrie（2013）利用1850年以来美国和英国家庭代际职业流动的数据，对比分析了两个国家职业代际流动的差异，他们的研究结论表明，19世纪以前，美国的代际职业流动要高于英国，但随着时间的推移和人口迁移的逐步稳定，20世纪后的美国的代际职业流动也逐渐趋于稳定。还有一些学者对中国劳动者的职业代际流动问题进行了研究。周兴和张鹏（2014）利用2006年中国综合社会调查数据，研究了中国城乡家庭代际的职业流动问题，研究发现父代的经济特征对子女的职业选择具有显著影响，他们的研究还发现城镇家庭子女的职业会随其职业生涯的发展向父代职业回归的趋势，但农村家庭子女职业地位向上流动的通道并不通畅，存在明显的"天花板效应"。谭远发（2015）利用国际劳工组织实施的"从学校向职场过渡调查"之中国数据，研究了父母政治资本对子女职业选择的影响，研究表明父母的政治资本会显著促进子女的人力资本积累，这种教育优势进而转换为职场优势。

三是社会环境因素。社会环境会通过影响家庭环境、个人素质进而影响个人的职业选择，比如陈藻（2011）的研究表明，相比于第一代农民工，新生代农民工要求有更安全的工作环境和更稳定的劳工关系。田艳平（2013）利用2005年在武汉市7个主城区的外来人口随机抽样调查数据，研究发现由于农民工的出生时间和成长的时代背景不同，父代和子代农民工在职业诉求、职业目标、工作条件和月均收入方面都呈现较大差异。张翼和侯慧丽（2004）基于地位获得的角度，比较分析了改革开放前和改革开放后职业的代际流动的差异，研究表明改革开放后的父代对子女职业获得的影响要远高于改革开放前。阳义南和连玉君（2015）采用年度虚拟变量与父代地位交互的形式分析了时代差异是如何影响父代对子女的职业地位的影响的，他们的研究表明社会职业开放性呈现上升趋势。

除了上述个人因素、家庭环境因素和社会环境因素，还有一些文献基于非正式制度视角分析职业的代际流动性问题，其中讨论最多的便是社会资本。现有文献也普遍证实了个体或家庭的社会资本会影响个人信息的获得，从而对个体的收入和社会地位产生不可忽视的影响（Putnam et al.，1993；Knight & Yueh，2008；边燕杰、张文宏，2001；章元、陆铭，2009）。中国学者还通过对中国特色的户籍制度，对中国家庭的职业层级的代际流动进行了深入研究。由历史原因造成的城乡间相对封闭的二元经济体系，农民的下一代不一定是农民，但市民的下一代一定是市民，这无疑降低了代际流动性。国内有不少学者对该问题保持了一定的关注。万海远和李实（2013）通过实证方法证明，户籍歧视对收入差距的扩大影响显著。周兴和王芳（2014）指出城镇居民的代际收入向上的流动性要高于农村居民，两者间代际收入流动性的差异，扩大了城乡之间的收入差距；周兴和张鹏（2014）认为农民职业地位向上流动存在明显的"天花板效应"；徐晓红（2015）的研究也支持该结论，认为农村低收入群体更容易陷入低收入陷阱。

综观已有文献，现有关于农村劳动力非农就业对职业地位代际流动的影响因素研究不多，农村劳动力非农就业究竟会对职业地位的代际流动产生怎样的影响？个体就业空间的差异是否会影响职业地位的代际流动？至今尚未定论，而且现有研究很少关注中部地区。与本研究最为相近的是邢春冰（2006）对中国农村地区非农就业机会的影响研究，但该文使用的是20世纪90年代数据，数据较旧。而近年来，随着中国工业化和城镇化的快速推进，中国农村劳动力的非农就业日趋活跃，非农就业人口大规模快速增长，无论是职业类型还是职业结构与 20 世纪 90 年代相比都产生了非常大的变化。此外，该文并未研究父代就业空间对子代职业地位的影响。

四　本章小结

本章前面就人口迁徙与劳动力流动理论、空间选择和代际流动三个与本书研究主题密切相关领域的文献进行了梳理和讨论。为了更清晰地认识到文献价值及相关问题，并强化全章的整体感，这里有必要再扼要列示一下相关结论。

推拉理论虽然缺乏严谨的内在一致性的经济学分析，但其从人口学、社会学的角度描绘了一个人口迁移的宏大场景，对从更广的角度考察人口迁移提供了极具解释力的框架。古典二元结构理论和新古典二元结构理论分别从古典和新古典的角度解释了农村劳动力由农村向城市转变的动因，而伊斯特林—斯塔克的相对贫困假说以及新劳动力迁移理论分别将社会性因素和家庭因素纳入农村劳动力迁移的影响因素中，为本书实证研究部分控制变量的选择提供了重要理论支撑。

现有文献大多是基于微观调研数据对农村劳动力外出就业空间结构及其影响因素进行研究的，但是由于不同的研究者选用的微观调研数据样本存在较大差异，现有文献对农村劳动力外出就业空间结构呈现什么样的特征并没有一致的结

论，我们通过梳理基于人口普查数据得到的整个社会的人口
流动空间结构来进一步说明现有文献对农村劳动力外出就业
空间解释力的不足。而在对农村劳动力外出就业空间结构特
征原因的解释上，大多数文献主要围绕个人因素、家庭因素
以及村庄环境因素展开。当然由于研究视角不同，现有文献
对三个因素具体变量的选择也不尽相同，实证结论也存在一
定差异。

关于代际流动问题，贝克尔、舒尔茨等早期从人力资本
角度研究代际流动的学者，虽然没有直接把父母陪伴纳入分
析，却提出了父母的时间投入对人力资本投资有重要影响的
观点，这对本书代际流动的分析既有启发意义，也是重要的
理论支撑。家庭因素一直为代际流动研究者所关注，国外曾
有跨国移民对后代教育影响的研究，但并不适合本书农村劳
动力非农就业空间转移的主题。现有关于农村劳动力非农就
业对职业地位代际流动的影响因素的研究不多，农村劳动力
非农就业究竟会对职业地位的代际流动产生怎样的影响？个
体就业空间的差异是否会影响职业地位的代际流动？这些问
题至今尚无定论，而且现有研究很少关注中部地区。邢春冰
（2006）对中国农村地区非农就业机会进行的研究与本书研
究的问题最为接近，其引用的数据较早，当今中国的情况已
经相较其研究的时间 20 世纪 90 年代产生了很大变化，需要
重新审视。

总之，已有文献对于涉及人口迁徙与劳动力流动、空间

选择和代际流动研究所涵盖的方方面面，以及得出的相应结论，都对本书的研究有启发意义，很多结论还能够成为本书后面相关研究的佐证和支撑，即使是有所欠缺的地方，也成为本书思考的切入点和研究要努力的方向。

第三章　就业空间选择与代际影响理论模型

本章根据实际调查数据的综合统计分析结果，利用代际流动理论的研究框架，构建适合农村劳动力非农就业空间选择与代际效应的理论模型[①]，分析不同学历群体的就业空间选择行为，探讨农村劳动力就业空间特征的动因，并进一步分析农村劳动力就业空间选择对子代人力资本及职业地位的影响。

一　模型的基本设定

（一）非农就业空间设定

为了简化分析，本书在考虑孩子留在户籍所在地，只有

---

① 此处的农村主要指的是经济欠发达区域（省份）的农村，这类地区农村劳动力不同于发达地区，由于经济规模相对于人口规模有限，区域（省份）内的就业岗位无法满足本区域（省份）劳动力非农就业的全部需求，致使该区域存在相当规模的农村劳动力不得不跨省务工。

劳动力到务工地点务工的前提下做出一些基本设定。

设定 1：假设农村劳动力可以选择的务工地点共有三种类型：一是将与家庭所在地的距离相对较远，外出务工人员每年只能在节假日回家的地点定义为第一类地点；二是将务工地点与家庭所在地的距离相对较近，务工人员不能每天通勤但一个月中可有几天回家的地点定义为第二类地点；三是将务工地点与家庭所在地的距离非常近，务工人员每天可通勤的地点定义为第三类地点。为了表述方便，本研究将第一类务工地点称为省外，第二类务工地点称为省内，第三类务工地点称为本地。

（二）不同空间找到适宜工作的概率的设定

根据产业集聚理论，经济越发达、经济规模越大的空间能提供的就业岗位越多。经济规模大的空间不仅高技术要求的就业岗位多，所能提供的低技术要求的就业岗位也远多于经济规模小的空间。我国不同区域的经济发展水平是很不均衡的，这导致不同区域所能提供的就业机会差异巨大。长三角、珠三角和京津冀等产业高度集聚的区域相对于经济落后省份，可以为各类人员提供充分的就业机会，进而吸引了大量中西部地区农村劳动力的流入。同理，省内提供的就业机会虽然不如省外多，但提供的就业机会显然多于本地。因而，本研究对三类不同工作地点找到工作的概率进行如下刻画。

设定 2：设找到适宜自身人力资本（h）工作的机会，在省外、省内和本地的概率分别为：$\pi_1(h), \pi_2(h), \pi_3(h)$，而且 $\pi_1(h) > \pi_2(h) > \pi_3(h)$ 及 $\pi_i'(h) \geqslant 0$，$i = 1, 2, 3$，其中，h 表示务工者的人力资本。

（三）不同空间工资收入设定

基于"百县千村"入户调查之"整村调查"实际调研数据[①]，我们对三类务工地点收入进行假设。

设定 3：农村劳动力在省外、省内和本地所能取得的务工收入分别为 $w_1(h), w_2(h), w_3(h)$，并有 $w_1(h) > w_2(h) > w_3(h)$，而且 $w_i'(h) > 0$，$i = 1, 2, 3$。该假设一是基于本研究的实际调研数据；二是在距离更远的地方务工如果不能得到较高的补偿将很难招收到劳动力，特别是在目前中国人口老龄化不断加速的情况下。

二　理论模型构建

本研究借鉴 Becker 等（2018）的代际流动模型来构建务工地点选择的模型。在选择务工地点时，考虑务工的收入和子女的人力资本两个方面。我们把这两个方面的效用综合起来归结为务工者的期望效用。在最大化期望效用下，务工者

[①] 本书的实地调研数据也显示省外务工工资收入水平（44599.15 元/人）高于省内平均工资（35929.48 元/人），省内工资水平高于在本地工作的工资水平（28262.96 元/人）。

选择务工地点。我们的模型在以下几点上不同于 Becker 等（2018）的模型。

（1）Becker 等（2018）的模型中，父母的效用是自己的消费所产生的效用与由子代收入而产生的自己的效用的和。由于子代的工资率是随未来的经济情况而变化的，因而是不确定的。而本研究模型中父母的效用是用自己的消费效用与子代人力资本所产生效用的和来表示，规避了由于未来整体经济波动的影响而产生的工资率的不确定性。

（2）本研究的模型在 Becker 等（2018）模型的基础上综合考虑了收入和子女教育，扩展研究了务工地点的选择问题，并综合研究了务工地点不同造成的代际流动的变化问题。

（3）本研究模型中的不确定性在于不同的务工地点获得收入的概率不同，而与将来的经济波动等没有关系。

（4）本研究模型中引入了时间因素，包括工作时间和陪伴孩子、辅导孩子的时间。由此将代际流动模型扩展为务工地点的选择模型。

（一）不同务工地点的效用函数

本研究的理论模型使用世代交叠模型，假设人生分为两个阶段，孩子时期与成年时期。设在成年期的开始，每个父亲或母亲一方生育一个孩子。[①] 本研究假设父母拥有 T 时间，

---

① 如此既可以描写单亲家庭的孩子，也可以描写两个孩子的家庭，如果有三个以上孩子可选两个最优秀的孩子。关于这一假设见 Becker G. S. et al.（2018）。

用于其在工作与教育子女上分配。在 i 类就业地点，就业者把 l_{pi} 的时间用于工作，得到工资收入；工资在自己的消费与在孩子的人力资本投资之间进行分配。对于父母效用的设定，父母对于其子女是利他的，第 i 类地点务工的务工者的期望效用函数为：

$$\text{Max } E[u(c_i) + \delta U(h_{gi})] \tag{1}$$

其效用包括两个方面——自己的消费所获得的效用与自己的孩子的人力资本所带来的效用，其中，c_i 表示在第 i 种务工地点选择下父母自己的消费；h_{gi} 是孩子的人力资本；$\delta \in (0,1)$ 表示父母对孩子的爱的程度。对于来自孩子的人力资本上的父母效用可以看作父母对孩子成长的幸福度。这很符合我国的国情，我国有"望子成龙"的说法，而且很多父母都是把孩子放在第一位的。

考虑具有人力资本 h 的父母在第 i 种空间务工时（后面简称为 i 种情况），获得第 i 类务工地点的工资收入，他的效用函数为 $u(c_i) + \delta U(h_{gi})$，而没有找到工作的话，工资收入为 0，效用也为 0。因而，他的期望效用为：

$$E[u(c_i) + \delta U(h_{gi})] = \pi_i(h)[u(c_i) + \delta U(h_{gi})] \tag{2}$$

其中：

$$c_i = I_i - y_i \tag{3}$$

其中，y_i 为 i 种情况下，父母在孩子的人力资本上的投资；I_i 为劳动的工资收入。设：

$$I_i = w_i(h) l_{pi}$$
$$w_i(h) = w_i h^{\sigma}, i = 1,2,3 \tag{4}$$

$w_i(h)$ 为具有人力资本 h 的劳动力的单位时间的工资；l_{pi} 为用于工作的时间；$w_i > 0$ 是人力资本的收益率；h 为父母的人力资本，$0 < \sigma < 1$。

考虑 σ 的作用。计算：

$$\frac{\partial I_i}{\partial h} \times \frac{h}{I_i} = \sigma w_i h^{\sigma-1} l_{pi} \times \frac{h}{w_i h^{\sigma} l_{pi}} = \sigma$$

因而，σ 是收入关于人力资本的弹性。

（二）子代人力资本生产函数

假设孩子的人力资本的生产函数为：

$$h_{gi} = A_g y_i^{\alpha} h^{\beta} l_{ci} \tag{5}$$

其中，h_{gi} 为孩子的人力资本；A_g 为孩子遗传的基因、环境等影响因素；y_i 为父母对孩子人力资本上的物力投资；h 为父母的人力资本；$l_{ci} = T - l_{pi}$ 为父母在孩子教育上所花费的时间，包括监督孩子做作业、与老师和学校的沟通、陪同孩子读课外书等；T 为父母所有的时间；$0 < \alpha, \beta < 1$。

至于子代的收入，与父母一代类似，由以下两式表示：

$$I_{gi} = w_i^{t+1}(h) l_{pi}$$
$$w_i(h) = w_i^{t+1} h^{\sigma}, i = 1,2,3$$

只是工资率为 w_i^{t+1}，不同于父母务工时的 w_i。

（三）务工者的效用最大化

务工者根据各类务工地点的期望效用，选择最大的期望效用以决定其务工地点。在这里先考虑可以通勤的情况，即无论是在省外、省内还是本地，都可以通勤的情况。这种情况可以是适用于在本地务工，也可以是在省外务工而把孩子带到务工地点一起生活的情况。可以通勤的 i 类务工地点期望效用的最大化问题为：

$$\max_{y_i,l_{pi}} E\big[u(c_i)+\delta U(h_{gi})\big] \tag{6}$$

$$\text{s.t. } c_i = w_i h^\sigma l_{pi} - y_i \tag{7}$$

把式（7）和式（5）代入式（6），得到：

$$\max_{y_i,l_{pi}} u\big[w_i h^\sigma l_{pi}-y_i\big]+\delta U\big[A_g y_i{}^\alpha h^\beta(T-l_{pi})\big] \tag{8}$$

设：

$$u(x)=\ln x,\ U(z)=\ln z$$

得到关于 y_i 的一阶条件：

$$\frac{-1}{w_i h^\sigma l_{pi}-y_i}+\delta\alpha\frac{1}{y_i}=0 \tag{9}$$

假设不论务工地点是哪种类型，父母都可以抽出足够的时间陪伴和教育孩子，即如果远距离务工，务工者可以把孩子带在身边。关于 l_{pi} 的一阶条件为：

$$\frac{w_i h^\sigma}{w_i h^\sigma l_{pi} - y_i} - \delta \frac{1}{T - l_{pi}} = 0 \qquad (10)$$

由式（9）得到：

$$- y_i + \delta\alpha(w_i h^\sigma l_{pi} - y_i) = 0$$

即：

$$y_i(1 + \delta\alpha) = \delta\alpha w_i h^\sigma l_{pi}$$

得到：

$$y_i = \frac{\delta\alpha w_i h^\sigma l_{pi}}{1 + \delta\alpha} = \frac{\delta\alpha}{1 + \delta\alpha} w_i(h) l_{pi} \qquad (11)$$

由式（10）得到：

$$w_i h^\sigma(T - l_{pi}) - \delta(w_i h^\sigma l_{pi} - y_i) = 0$$

代入式（11），得到：

$$w_i h^\sigma(T - l_{pi}) - \delta w_i h^\sigma l_{pi}\left(1 - \frac{\delta\alpha}{1 + \delta\alpha}\right) = 0$$

化简，得到：

$$T - l_{pi} - l_{pi}\frac{\delta}{1 + \delta\alpha} = 0$$

合并同类项，得到：

$$l_{pi}\left(1 + \frac{\delta}{1 + \delta\alpha}\right) = T$$

解出 l_{pi}，得到：

$$l_{pi} = \frac{1 + \delta\alpha}{1 + \delta\alpha + \delta} T \qquad (12)$$

把式（12）代入式（11），得到：

$$
\begin{aligned}
y_i &= \frac{\delta\alpha}{1 + \delta\alpha} w_i(h) l_{pi} \\
&= \frac{\delta\alpha}{1 + \delta\alpha} w_i(h) \frac{1 + \delta\alpha}{1 + \delta\alpha + \delta} T \\
&= \frac{\delta\alpha}{1 + \delta\alpha + \delta} w_i(h) T \qquad (13)
\end{aligned}
$$

把式（12）和式（13）代入式（8），得到：

$$
\begin{aligned}
&\max_{y_i, l_{pi}} \{ u[w_i h^\sigma l_{pi} - y_i] + \delta U[A_g y_i{}^\alpha h^\beta (T - l_{pi})] \} \\
&= \ln\left[w_i h^\sigma \frac{1 + \delta\alpha}{1 + \delta\alpha + \delta} T - \frac{\delta\alpha}{1 + \delta\alpha + \delta} w_i h^\alpha T \right] \\
&\quad + \delta\ln\left[A_g \left(\frac{\delta\alpha}{1 + \delta\alpha + \delta} w_i h^\sigma T \right)^\alpha h^\beta \left(T - \frac{1 + \delta\alpha}{1 + \delta\alpha + \delta} T \right) \right] \\
&= \ln\left(\frac{w_i h^\sigma T}{1 + \delta\alpha + \delta} \right) + \ln[1 + \delta\alpha - \delta\alpha] \\
&\quad + \delta\ln\left[\frac{A_g w_i^\alpha h^{\alpha\sigma} T^\alpha (\delta\alpha)^\alpha}{(1 + \delta\alpha + \delta)^\alpha} \right] + \delta\ln\left[\frac{h^\beta T\delta}{1 + \delta\alpha + \delta} \right] \\
&= \ln\left(\frac{w_i h^\sigma T}{1 + \delta\alpha + \delta} \right) + \delta\ln\left[\frac{A_g w_i^\alpha h^{\alpha\sigma} T^\alpha}{(1 + \delta\alpha + \delta)^\alpha} \right] + \delta\ln\left[\frac{(\delta\alpha)^\alpha h^\beta T\delta}{1 + \delta\alpha + \delta} \right] \\
&= \ln w_i(h) + \ln T - \ln(1 + \delta\alpha + \delta) + \delta\ln A_g + \alpha\delta\ln w_i(h) \\
&\quad + \delta\alpha\ln T - \delta\alpha\ln(1 + \delta\alpha + \delta) + \delta\alpha\ln\delta + \delta\alpha\ln\alpha + \delta\beta\ln h + \delta\ln T \\
&\quad + \delta\ln\delta - \delta\ln(1 + \delta\alpha + \delta) \\
&= (1 + \delta\alpha)\ln w_i(h) + (1 + \delta\alpha + \delta)\ln T - (1 + \delta\alpha + \delta) \\
&\quad \ln(1 + \delta\alpha + \delta) + \delta\ln A_g + \delta(1 + \alpha)\ln\delta + \delta\alpha\ln\alpha + \delta\beta\ln h \\
&= (1 + \delta\alpha)\ln w_i + (1 + \delta\alpha)\sigma\ln h + (1 + \delta\alpha + \delta)\ln T \\
&\quad - (1 + \delta\alpha + \delta)\ln(1 + \delta\alpha + \delta) + \delta\ln A_g + \delta(1 + \alpha)\ln\delta \\
&\quad + \delta\alpha\ln\alpha + \delta\beta\ln h \\
&= (1 + \delta\alpha)\ln w_i + [(1 + \delta\alpha)\sigma + \delta\beta]\ln h + (1 + \delta\alpha + \delta)\ln T
\end{aligned}
$$

$$- (1 + \delta\alpha + \delta)\ln(1 + \delta\alpha + \delta) + \delta\ln A_g + \delta(1 + \alpha)\ln\delta + \delta\alpha\ln\alpha$$

$$(14)$$

把式（14）代入式（6），得到：

$$\max_{y_i, l_{pi}} E[u(c_i) + \delta U(h_{gi})]$$
$$= \pi_i(h) \{ (1 + \delta\alpha)\ln w_i + [(1 + \delta\alpha)\sigma + \delta\beta]\ln h$$
$$+ (1 + \delta\alpha + \delta)\ln T - (1 + \delta\alpha + \delta)\ln(1 + \delta\alpha + \delta)$$
$$+ \delta\ln A_g + \delta(1 + \alpha)\ln\delta + \delta\alpha\ln\alpha \}$$

$$(15)$$

以上是孩子可以随务工者到务工地点，或孩子留在户籍所在地的农村但父母可以从务工地点通勤回家的情况。但是，我们看到，目前农村外出务工者当中，特别是高中以下学历者在远距离务工时，通常无法带领家人全部离开家乡到务工地生活，通常是务工者离开家乡，孩子仍留在农村。因此，并不是所有的务工者或务工地点都可以实现式（15）那样的效用最大水平。在远距离外出务工时，务工者特别是低学历务工者往往只有节假日才能够回家，所以省外务工的父母只会有固定的时间 $\overline{l}_1$ 来陪伴和辅导孩子的学习，而 $\overline{l}_1 < \dfrac{1 + \delta\alpha}{1 + \delta\alpha + \delta} T$。因此，在省外务工的农村劳动力效用达不到最优化。当父母选择在省外（第一类地点）务工时，孩子的人力资本为：

$$h_{g1} = A_g y_1^\alpha h^\beta \overline{l}_1$$

$$(16)$$

考虑以下最大化问题：

$$\max_{y_2} E[u(c_1) + \delta U(h_{g1})]$$

$$= \max_{y_1} \pi_1(h) \left\{ \ln\left[w_1 h^\sigma (T - \overline{l}_1) - y_1 \right] + \delta\ln(A_g y_1^\alpha h^\beta \overline{l}_1) \right\} \quad (17)$$

得到关于 y_2 的一阶条件：

$$\frac{-1}{w_1 h^\sigma (T - \overline{l}_1) - y_1} + \delta\alpha \frac{1}{y_1} = 0$$

即：

$$-y_1 + \delta\alpha \left[w_1 h^\sigma (T - \overline{l}_1) - y_1 \right] = 0$$

解出 y_1，得到：

$$y_1 = \frac{\delta\alpha}{1 + \delta\alpha} w_1(h)(T - \overline{l}_1) \quad (18)$$

令父母选择在省外打工时，并找到工作时的效用为 $\overline{U}_1$，把式（16）和式（18）代入式（17），得到：

$$
\begin{aligned}
\overline{U}_1 &= \pi_1(h) \left\{ \ln\left[w_1 h^\sigma (T - \overline{l}_1) - y_1 \right] + \delta\ln\left[A_g y_1^\alpha h^\beta \overline{l}_1 \right] \right\} \\
&= \pi_1(h) \left\{ \ln\left[w_1(h)(T - \overline{l}_1) - \frac{\delta\alpha}{1 + \delta\alpha} w_1(h)(T - \overline{l}_1) \right] \right. \\
&\quad \left. + \delta\ln\left[A_g \left[\frac{\delta\alpha}{1 + \delta\alpha} w_1(h)(T - \overline{l}_1) \right]^\alpha h^\beta \overline{l}_1 \right] \right\} \\
&= \pi_1(h) \left\{ \ln\left[w_1(h)(T - \overline{l}_1)(1 - \frac{\delta\alpha}{1 + \delta\alpha}) \right] + \delta\ln A_g \right. \\
&\quad \left. + \delta\ln\left[\frac{\delta\alpha}{1 + \delta\alpha} w_1(h)(T - \overline{l}_1) \right]^\alpha + \delta\beta\ln h + \delta\ln \overline{l}_1 \right\} \\
&= \pi_1(h) \left\{ \ln w_1(h) + \ln(T - \overline{l}_1) - \ln(1 + \delta\alpha) + \delta\ln A_g \right. \\
&\quad + \alpha\delta\ln(\delta\alpha) - \alpha\delta\ln(1 + \delta\alpha) + \alpha\delta\ln w_1(h) + \alpha\delta\ln(T - \overline{l}_1) \\
&\quad \left. + \delta\beta\ln h + \delta\ln \overline{l}_1 \right\} \\
&= \pi_1(h) \left\{ (1 + \delta\alpha)\ln w_1 + (1 + \delta\alpha)\sigma\ln h + (1 + \delta\alpha) \right.
\end{aligned}
$$

$$\ln(T - \bar{l}_1) - (1 + \delta\alpha)\ln(1 + \delta\alpha) + \delta\ln A_g$$

$$+ \alpha\delta\ln\delta + \alpha\delta\ln\alpha + \delta\beta\ln h + \delta\ln\bar{l}_1\}$$

$$= \pi_1(h)\{(1 + \delta\alpha)\ln w_1 + [(1 + \delta\alpha)\sigma + \delta\beta]\ln h$$

$$+ (1 + \delta\alpha)\ln(T - \bar{l}_1) - (1 + \delta\alpha)\ln(1 + \delta\alpha) + \delta\ln A_g$$

$$+ \alpha\delta\ln\delta + \alpha\delta\ln\alpha + \delta\ln\bar{l}_1\} \tag{19}$$

考虑务工地点的第二类：省内。因为第二类的务工地点也离家庭所在地较远，不能做到日常通勤，设与孩子相处和辅导孩子的时间 $\bar{l}_2$ 为常数，显然 $\bar{l}_2$ 会大于省外务工时陪伴孩子的时间，即 $\bar{l}_2 > \bar{l}_1$。如同在省外务工的情况，孩子的人力资本和对孩子的人力资本的投资为：

$$h_{g2} = A_g y_2^\alpha h^\beta \bar{l}_2 \tag{20}$$

考虑以下最大化问题：

$$\max_{y_2} E[u(c_2) + \delta U(h_{g2})]$$

$$= \max_{y_2} \pi_2(h)\{\ln[w_2 h^\sigma(T - \bar{l}_2) - y_2] + \delta\ln(A_g y_2^\alpha h^\beta \bar{l}_2)\} \tag{21}$$

得到关于 y_2 的一阶条件：

$$\frac{-1}{w_2 h^\sigma(T - \bar{l}_2) - y_2} + \delta\alpha\frac{1}{y_2} = 0$$

即：

$$-y_2 + \delta\alpha[w_2 h^\sigma(T - \bar{l}_2) - y_2] = 0$$

解出 y_2，得到：

$$y_2 = \frac{\delta\alpha}{1+\delta\alpha} w_2(h)(T - \overline{l}_2) \tag{22}$$

把式（20）和式（22）代入式（21），得到：

$$
\begin{aligned}
\overline{U}_2 &= \pi_2(h)\{\ln[w_2 h^\sigma(T - \overline{l}_2) - y_2] + \delta\ln[A_g y_2{}^\alpha h^\beta \overline{l}_2]\} \\
&= \pi_2(h)\left\{\ln\left[w_2(h)(T - \overline{l}_2) - \frac{\delta\alpha}{1+\delta\alpha} w_2(h)(T - \overline{l}_2)\right]\right. \\
&\quad \left. + \delta\ln\left[A_g\left[\frac{\delta\alpha}{1+\delta\alpha} w_2(h)(T - \overline{l}_1)\right]^\alpha h^\beta \overline{l}_2\right]\right\} \\
&= \pi_2(h)\left\{\ln\left\{w_2(h)(T - \overline{l}_2)\left[1 - \frac{\delta\alpha}{1+\delta\alpha}\right]\right\} + \delta\ln A_g\right. \\
&\quad \left. + \delta\ln\left[\frac{\delta\alpha}{1+\delta\alpha} w_2(h)(T - \overline{l}_2)\right]^\alpha + \delta\beta\ln h + \delta\ln\overline{l}_2\right\} \\
&= \pi_2(h)\{\ln w_2(h) + \ln(T - \overline{l}_2) - \ln(1+\delta\alpha) + \delta\ln A_g \\
&\quad + \delta\alpha\ln w_2(h) + \delta\alpha(T - \overline{l}_2) + \delta\alpha\ln\delta + \delta\alpha\ln\alpha - \delta\alpha\ln \\
&\quad (1+\delta\alpha) + \delta\beta\ln h + \delta\ln\overline{l}_2\} \\
&= \pi_2(h)\{(1+\delta\alpha)(\ln w_2 + \sigma\ln h) + (1+\delta\alpha)\ln(T - \overline{l}_2) \\
&\quad - (1+\delta\alpha)\ln(1+\delta\alpha) + \delta\ln A_g + \delta\alpha\ln\delta + \delta\alpha\ln\alpha \\
&\quad + \delta\beta\ln h + \delta\ln\overline{l}_2\} \\
&= \pi_2(h)\{(1+\delta\alpha)\ln w_2 + [\sigma(1+\delta\alpha) + \delta\beta]\ln h \\
&\quad + (1+\delta\alpha)\ln(T - \overline{l}_2) - (1+\delta\alpha)\ln(1+\delta\alpha) + \delta\ln A_g \\
&\quad + \delta\alpha\ln\delta + \delta\alpha\ln\alpha + \delta\ln\overline{l}_2\} \tag{23}
\end{aligned}
$$

（四）务工地点对子代人力资本的影响

1. 就业地点对子代人力资本的影响

（1）当父母在本地务工（可通勤）时，就业空间对子代人力资本的影响：

$$h_{g3} = A_g y_i^\alpha h^\beta l_{c3}$$

$$= A_g \left[\frac{\delta\alpha}{1+\delta\alpha} w_3(h) l_{p3} \right]^\alpha h^\beta \frac{\delta}{1+\delta\alpha} T$$

$$= A_g \left[\left(\frac{\delta\alpha}{1+\delta\alpha} w_3 h^\sigma T \frac{1+\delta\alpha}{1+\delta\alpha+\delta} \right) \right]^\alpha h^\beta \frac{\delta}{1+\delta\alpha+\delta} T$$

$$= A_g \left(\frac{\delta\alpha}{1+\delta\alpha+\delta} w_3 h^\sigma T \right)^\alpha h^\beta \frac{\delta}{1+\delta\alpha+\delta} T$$

$$= A_g \frac{(\delta\alpha)^\alpha}{(1+\delta\alpha+\delta)^\alpha} w_3^\alpha h^{\sigma\alpha} T^\alpha h^\beta \frac{\delta}{1+\delta\alpha+\delta} T$$

$$= A_g \frac{(\delta\alpha)^\alpha}{(1+\delta\alpha+\delta)^\alpha} w_3^\alpha h^{\sigma\alpha+\beta} T^\alpha \frac{\delta}{1+\delta\alpha+\delta} T$$

虽然为了简化模型，本书只把本地设为可以日常通勤的务工空间范围[①]，实际上凡是可以通勤的务工地点都属于这种情况。

（2）当父母在省内务工时，就业空间对子代人力资本的影响：

$$h_{g2} = A_g y_2^\alpha h^\beta \bar{l}_2$$

$$= A_g \left[\frac{\delta\alpha}{1+\delta\alpha+\delta} w_2(h)(T - \bar{l}_2) \right]^\alpha h^\beta \bar{l}_2$$

$$= A_g \left[\frac{\delta\alpha}{1+\delta\alpha+\delta} w_2 h^\sigma (T - \bar{l}_2) \right]^\alpha h^\beta \bar{l}_2$$

$$= A_g \frac{(\delta\alpha)^\alpha}{(1+\delta\alpha+\delta)^\alpha} w_2^\alpha h^{\alpha\sigma} (T - \bar{l}_2)^\alpha h^\beta \bar{l}_2$$

$$= A_g \frac{(\delta\alpha)^\alpha}{(1+\delta\alpha+\delta)^\alpha} w_2^\alpha h^{\alpha\sigma+\beta} (T - \bar{l}_2)^\alpha \bar{l}_2$$

---

① 本地的空间范围受村庄区位、交通条件等因素较大的影响，譬如一些村庄毗邻县城或市区，那么村民在县城或市区务工时，基本可以每天回家，那么此时本地就涵盖了县城或市区。同样如果村庄距离县城或市区较远，同时交通不是很便利，务工者在县城或市区务工时无法每天或经常回家，那么此时县城或市区则属于本书三类务工空间中的省内，本地则仅指距离本村较近的乡镇。

（3）当父母在省外务工时，就业空间对子代人力资本的影响：

$$h_{g1} = A_g y_1^\alpha h^\beta \overline{l}_1$$

$$= A_g \left[\frac{\delta\alpha}{1+\delta\alpha+\delta} w_1(h)(T-\overline{l}_1) \right]^\alpha h^\beta \overline{l}_1$$

$$= A_g \left[\frac{\delta\alpha}{1+\delta\alpha+\delta} w_1 h^\sigma (T-\overline{l}_1) \right]^\alpha h^\beta \overline{l}_1$$

$$= A_g \frac{(\delta\alpha)^\alpha}{(1+\delta\alpha+\delta)^\alpha} w_1^\alpha h^{\alpha\sigma}(T-\overline{l}_1)^\alpha h^\beta \overline{l}_1$$

$$= A_g \frac{(\delta\alpha)^\alpha}{(1+\delta\alpha+\delta)^\alpha} w_1^\alpha h^{\alpha\sigma+\beta}(T-\overline{l}_1)^\alpha \overline{l}_1$$

比较三类务工空间子代人力资本的大小，可以看到第三类务工地点下的子代人力资本表示式中乘积的第五和第六项都大于第一和第二类务工地点的子代人力资本表示中的乘积的第五、六项，而乘积的第一、二、四项三类务工地点都相同，只有第三项有下式成立：$w_3^\alpha < w_2^\alpha < w_1^\alpha$。比较第二类与第一类的务工地点，子代人力资本中表示乘积的第一、二、四项都相等，而第二类的第三、五项分别小于第一类的第三、五项，而第二类的第六项大于第一类的第六项。即三类务工地点导致的子代人力资本的大小主要与工资率和辅导孩子学习的时间有关。

2. 三类务工地点的人力资本代际流动

（1）本地务工的人力资本代际流动

$$h_{g3} = A_g \frac{(\delta\alpha)^\alpha}{(1+\delta\alpha+\delta)^\alpha} w_3^\alpha h^{\sigma\alpha+\beta} T^\alpha \frac{\delta}{1+\delta\alpha+\delta} T$$

$$= A_g \frac{\delta^{\alpha+1} \alpha^{\alpha}}{(1+\delta\alpha+\delta)^{\alpha+1}} w_3^{\alpha} h^{\sigma\alpha+\beta} T^{\alpha+1}$$

令：

$$\theta_3 = A_g w_3^{\alpha} \frac{\delta^{\alpha+1} \alpha^{\alpha} T^{\alpha+1}}{(1+\delta\alpha+\delta)^{\alpha+1}}$$

则：

$$h_{g3} = \theta_3 h^{\sigma\alpha+\beta}$$

考虑

$$\frac{h_{g3}}{h} = \theta_3 h^{\sigma\alpha+\beta-1}$$

如果 $\theta_3 h^{\sigma\alpha+\beta-1} > 1$，则 $\frac{h_{g3}}{h} > 1$，即 $h_{g3} > h$。子代的人力资本大于父代，因而人力资本、教育代际向上流动。如果 $\theta_3 h^{\sigma\alpha+\beta-1} < 1$，则 $\frac{h_{g3}}{h} < 1$，即 $h_{g3} < h$，教育的代际向下流动。当父母收入的非人力资本弹性 σ、人力资本的物质投入弹性 α、父母的人力资本弹性 β、基因和环境影响 A_g、父母对孩子的爱 δ、工资率 w_1 充分大时，子代的人力资本向上移动。这种情况基因和环境影响因素 A_g 与父母的人力资本对代际流动影响很大。

设 $\sigma\alpha + \beta - 1 < 0$，当 $\theta_3 = A_g w_3^{\alpha} \frac{\delta^{\alpha+1} \alpha^{\alpha} T^{\alpha+1}}{(1+\delta\alpha+\delta)^{\alpha+1}} > h^{1-\alpha\sigma-\beta}$ 时，子代的人力资本向上移动。当 $\theta_3 = A_g w_3^{\alpha}$

$$\frac{\delta^{\alpha+1}\alpha^{\alpha}T^{\alpha+1}}{(1+\delta\alpha+\delta)^{\alpha+1}} < h^{1-\alpha\sigma-\beta}$$ 时，子代人力资本向下移动。可以看到，当父母的人力资本较小时，子代的人力资本会高于父代的人力资本。当 $\alpha\sigma+\beta$ 接近于 1 时，子代的人力资本也会超过父代。当 T 与 w_3 充分大时，也有同样的结果。

（2）省会和省内务工的人力资本代际流动

$$h_{g2} = A_g(T-\overline{l}_2)^{\alpha}\overline{l}_2 \frac{(\delta\alpha)^{\alpha}w_2^{\alpha}}{(1+\delta\alpha+\delta)^{\alpha}}h^{\alpha\sigma+\beta}$$

令：

$$\theta_2 = A_g(T-\overline{l}_2)^{\alpha}\overline{l}_2 \frac{(\delta\alpha)^{\alpha}w_2^{\alpha}}{(1+\delta\alpha+\delta)^{\alpha}}$$

$$h_{g2} = \theta_2 h^{\alpha\sigma+\beta}$$

当 α、σ、β、基因和环境影响 A_g、对孩子的爱 δ、工资率 w_2 充分大时，

$$\frac{h_{g2}}{h} = \theta_2 h^{\alpha\sigma+\beta-1}$$

$$\frac{h_{g2}}{h} = \theta_2 h^{\alpha\sigma+\beta-1} > 1$$

子代的人力资本向上移动。否则人力资本相同或向下流动。在这种情况下，父母用于孩子教育的时间、工作时间都对代际人力资本流动有影响，尤其是父母用于孩子教育的时间、父母的人力资本水平、基因和环境影响对孩子的人力资本代际流动影响很大。当父母用于孩子教育的时间过小时，子代的人力资本会向下流动。

设 $\sigma\alpha + \beta - 1 < 0$ ，当 $A_g(T - \bar{l}_2)^\alpha \bar{l}_2 \dfrac{(\delta\alpha)^\alpha w_2^\alpha}{(1 + \delta\alpha + \delta)^\alpha} >$ $h^{1-\alpha\sigma-\beta}$ 时，子代的人力资本向上移动。当 $(T - \bar{l}_2)^\alpha \bar{l}_2 w_2^\alpha$ 充分大，h 比较小时，都会有 $A_g(T - \bar{l}_2)^\alpha \bar{l}_2 \dfrac{(\delta\alpha)^\alpha w_2^\alpha}{(1 + \delta\alpha + \delta)^\alpha} >$ $h^{1-\alpha\sigma-\beta}$ 成立，子代的人力资本向上移动。

（3）省外务工的人力资本代际流动

$$h_{g1} = A_g \frac{(\delta\alpha)^\alpha}{(1 + \delta\alpha + \delta)^\alpha} w_1^\alpha h^{\alpha\sigma+\beta} (T - \bar{l}_1)^\alpha \bar{l}_1$$

令：

$$\theta_1 = A_g \frac{(\delta\alpha)^\alpha w_1^\alpha (T - \bar{l}_1)^\alpha}{(1 + \delta\alpha + \delta)^\alpha} \bar{l}_1$$

则：

$$h_{g1} = \theta_1 h^{\alpha\sigma+\beta}$$

而

$$\frac{h_{g1}}{h} = \theta_1 h^{\alpha\sigma+\beta-1}$$

当 $\theta_1 h^{\alpha\sigma+\beta-1} > 1$ 时，代际人力资本向上流动，当 $\theta_1 h^{\alpha\sigma+\beta-1} < 1$ 时，代际人力资本向下流动。影响代际流动方向的有收入、基因和环境、人力资本的物质投入弹性 α 、父母收入的非人力资本弹性 σ 、父母的人力资本弹性 β 、父母对孩子的爱 δ 、父母用于孩子教育上的时间。当用于孩子教育的时间过小

时，代际人力资本向下流动。省外务工情况容易造成代际人力资本向下流动。

设 $\sigma\alpha + \beta - 1 < 0$，当 $A_g \dfrac{(\delta\alpha)^\alpha w_1^\alpha (T - \overline{l}_1)^\alpha \overline{l}_1}{(1 + \delta\alpha + \delta)^\alpha} > h^{1-\alpha\sigma-\beta}$ 时，

子代的人力资本高于父代的人力资本。当 $w_1^\alpha (T - \overline{l}_1)^\alpha \overline{l}$ 充分大、

h 比较小和 $\alpha\sigma + \beta$ 接近于 1 时，都会有 $A_g \dfrac{(\delta\alpha)^\alpha w_1^\alpha (T - \overline{l}_1)^\alpha \overline{l}_1}{(1 + \delta\alpha + \delta)^\alpha}$

$> h^{1-\alpha\sigma-\beta}$ 成立，即子代的人力资本向上移动。

3. 三类务工地点子代人力资本的比较

假设孩子不随父母到务工地点上学，则环境的影响等不随父母的务工地点而变化，三种情况下的 A_g 都相同。考虑在可以通勤的务工地点务工的父母的孩子的人力资本与在省内务工但不通勤的父母的孩子的人力资本的比：

$$\frac{h_{g3}}{h_{g2}} = \left(\frac{w_3}{w_2}\right)^\alpha \left(\frac{T}{T - \overline{l}_2}\right)^\alpha \left(\frac{\dfrac{\delta\alpha}{1 + \delta\alpha} T}{\overline{l}_2}\right)$$

$$= \left(\frac{w_3 T}{w_2 (T - \overline{l}_2)}\right)^\alpha \left(\frac{\dfrac{\delta\alpha}{1 + \delta\alpha} T}{\overline{l}_2}\right)$$

由于 $\dfrac{\delta\alpha}{1 + \delta\alpha} T > \overline{l}_2$，因而 $\left(\dfrac{\dfrac{\delta\alpha}{1 + \delta\alpha} T}{\overline{l}_2}\right) > 1$；

当：

$$\left(\frac{w_2}{w_3}\right) < \left(\frac{T}{T - \overline{l}_2}\right)\left(\frac{\delta\alpha T}{(1 + \delta\alpha)\overline{l}_2}\right)^{\frac{1}{\alpha}} \tag{24}$$

时，有 $\dfrac{h_{g3}}{h_{g2}} > 1$。

式（24）右侧乘积中的两项都大于 1，当 $\overline{l}_2$ 很小时，式（24）会成立①。因而，可通勤地点务工者的孩子的人力资本高于省内不能通勤地点务工者的子女。

再看可以通勤地点务工的父母的孩子的人力资本与在省外务工的父母的孩子的人力资本的比：

$$\frac{h_{g3}}{h_{g1}} = \left(\frac{w_3}{w_1}\right)^{\alpha} \left(\frac{T}{T - \overline{l}_1}\right)^{\alpha} \left(\frac{\frac{\delta\alpha}{1 + \delta\alpha}T}{\overline{l}_1}\right)$$

$$= \left(\frac{w_3 T}{w_1(T - \overline{l}_1)}\right)^{\alpha} \left(\frac{\frac{\delta\alpha}{1 + \delta\alpha}T}{\overline{l}_1}\right)$$

当 $\dfrac{w_1}{w_3} < \left(\dfrac{T}{T - \overline{l}_1}\right)\left(\dfrac{\frac{\delta\alpha}{1 + \delta\alpha}T}{\overline{l}_1}\right)^{\frac{1}{\alpha}}$ 时，会有 $h_{g3} > h_{g1}$。可以看

到，当 $\overline{l}_1$ 很小时，小于号右侧乘积的第一个因子接近于 1，而乘积的第二个因子因为 $\overline{l}_1$ 很小会很大，两项的乘积很大。

因而会有 $\dfrac{w_1}{w_i} < \left(\dfrac{T}{T - \overline{l}_1}\right)\left(\dfrac{\frac{\delta\alpha}{1 + \delta\alpha}T}{\overline{l}_1}\right)^{\frac{1}{\alpha}}$ 成立②，即 $h_{g3} > h_{g1}$，父

---

① 本书的调研数据显示 $\dfrac{w_2}{w_3}$ 为 1.3 左右。

② 本书的调研数据显示 $\dfrac{w_1}{w_3}$ 为 1.6 左右。

母在可通勤地点务工的话，孩子的人力资本会高于父母在省外务工的孩子的人力资本。

最后考虑父母在省内不能通勤地点务工的孩子的人力资本与在省外务工的父母的孩子的人力资本的比：

$$\frac{h_{g2}}{h_{g1}} = \left(\frac{w_2}{w_1}\right)^{\alpha} \left(\frac{T - \bar{l}_2}{T - \bar{l}_1}\right)^{\alpha} \left(\frac{\bar{l}_2}{\bar{l}_1}\right)$$

当

$$\left(\frac{w_1}{w_2}\right) < \left(\frac{T - \bar{l}_2}{T - \bar{l}_1}\right)\left(\frac{\bar{l}_2}{\bar{l}_1}\right)^{\frac{1}{\alpha}} \tag{25}$$

时，$\frac{h_{g2}}{h_{g1}} > 1$，即 $h_{g2} > h_{g1}$。当

$$\left(\frac{w_1}{w_2}\right) \geqslant \left(\frac{T - \bar{l}_2}{T - \bar{l}_1}\right)\left(\frac{\bar{l}_2}{\bar{l}_1}\right)^{\frac{1}{\alpha}} \tag{26}$$

时，$\frac{h_{g2}}{h_{g1}} \leqslant 1$，即 $h_{g2} \leqslant h_{g1}$。

可以看到式（25）和式（26）的不等号右侧乘积的第一项小于1，而第二项大于1。当 T 很大，$\bar{l}_1$ 与 $\bar{l}_2$ 相比 T 都比较小时，乘积的第一个因子接近于1，当 α 很小时，第二个因子会很大，当 $\left(\frac{\bar{l}_2}{\bar{l}_1}\right)$ 充分大时，会有式（25）成立，即在省内省会或其他城市务工父母的孩子人力资本高于在省外务工

的父母的孩子的人力资本。

根据以上分析得到结论：在环境和基因的影响以及父母的人力资本都相同的条件下，在本地务工的父母的孩子的人力资本要高于在省内务工的父母的孩子的人力资本，而在省内务工的父母的孩子的人力资本要高于在省外务工的父母的孩子的人力资本。

三　就业空间选择分析

本部分根据基本模型与务工地点的选择对子代人力资本的影响，进一步具体分析不同教育水平的务工者对务工地点的选择问题。

（一）务工地点的期望效用差

农村劳动力非农就业者根据自己的人力资本选择适合自己的工作和务工地点，在与务工地点相关联的期望效用值中选择一个最大值，相应的务工地点就是务工者所选择的合适的务工地点。

把农村劳动力非农务工的人群按人力资本分为小学及以下、初中、高中、大学及以上学历的人群。其中，大学及以上的人群基本上可以找到白领、公务员等工作，收入可以让孩子在城市里接受教育和居住，这些人不存在人户分离的问题，孩子可以带在身边，他们的就业选择与其他人群不同。

我们以下先考虑高中及以下学历的人群对于务工地点的选择。由于这些人多从事建筑业、制造业和生活服务业的工作，收入不足以维持孩子在城市接受教育和居住，所以存在人户分离的问题，多数是劳动力在外面务工，孩子留在农村家里。

他们对于务工地点的选择是根据理论模型中，在可以通勤的期望效用 U_3、不能每天回家但可以相对经常回家的期望效用 $\bar{U}_2$ 和每年只有节假日才能回家的期望效用 $\bar{U}_1$ 中选择一个最大的期望效用，达到这个期望效用的务工地点就是适合的务工地点。

可以看到，找到适合自己工作的概率、工资收入和孩子的人力资本是决定期望效用的要素。在对不同务工地点关于找到适合自己工作的概率、工资收入与孩子的人力资本进行综合分析后，决定务工地点。

以下比较三种就业空间选择得到的期望效用。

1. 第一类地点与第三类地点期望效用的差

由式（19）和式（15），得到：

$$\bar{U}_1 - U_3$$
$$= \pi_1(h)\{(1+\delta\alpha)\ln w_1 + [\sigma(1+\delta\alpha)+\delta\beta]\ln h$$
$$+ (1+\delta\alpha)\ln(T-\bar{l}_1) - (1+\delta\alpha)\ln(1+\delta\alpha) + \delta\ln A_g$$
$$+ \delta\alpha\ln\delta + \delta\alpha\ln\alpha + \delta\ln\bar{l}_1\} - \pi_3(h)\{(1+\delta\alpha)\ln w_3$$
$$+ [(1+\delta\alpha)\sigma+\delta\beta]\ln h + (1+\delta\alpha+\delta)\ln T - (1+\delta\alpha+\delta)$$
$$\ln(1+\delta\alpha+\delta) + \delta\ln A_g + \delta(1+\alpha)\ln\delta + \delta\alpha\ln\alpha\}$$
$$= [\pi_1(h) - \pi_3(h)][(1+\delta\alpha)\sigma+\delta\beta]\ln h$$

$$+ (1 + \delta\alpha)[\pi_1(h)\ln w_1 - \pi_3(h)\ln w_3]$$

$$+ \pi_1(h)(1 + \delta\alpha)\ln(T - \overline{l}_1) - \pi_3(h)(1 + \delta\alpha + \delta)\ln T$$

$$+ \pi_3(h)(1 + \delta\alpha + \delta)\ln(1 + \delta\alpha + \delta) - \pi_1(h)(1 + \delta\alpha) \cdot$$

$$\ln(1 + \delta\alpha) + [\pi_1(h) - \pi_3(h)]\delta\ln A_g + \delta[\alpha\pi_1(h)$$

$$- (1 + \alpha)\pi_3(h)]\ln\delta + \delta\alpha[\pi_1(h) - \pi_3(h)]\ln\alpha + \delta\pi_1(h)\ln\overline{l}_1$$

$$= [\pi_1(h) - \pi_3(h)][(1 + \delta\alpha)\sigma + \delta\beta]\ln h +$$

$$(1 + \delta\alpha)[\pi_1(h)\ln w_1 - \pi_3(h)\ln w_3]$$

$$+ \pi_1(h)\ln[(T - \overline{l}_1)^{1+\delta\alpha}\overline{l}_1^{\delta}] - \pi_3(h)(1 + \delta\alpha + \delta)\ln T$$

$$+ \pi_3(h)(1 + \delta\alpha + \delta)\ln(1 + \delta\alpha + \delta) - \pi_1(h)(1 + \delta\alpha)$$

$$\ln(1 + \delta\alpha) + [\pi_1(h) - \pi_3(h)]\delta\ln A_g + \delta[\alpha\pi_1(h)$$

$$- (1 + \alpha)\pi_3(h)]\ln\delta + \delta\alpha[\pi_1(h) - \pi_3(h)]\ln\alpha$$

$$= [\pi_1(h) - \pi_3(h)][(1 + \delta\alpha)\sigma + \delta\beta]\ln h$$

$$+ (1 + \delta\alpha)[\pi_1(h)\ln w_1 - \pi_3(h)\ln w_3]$$

$$+ \pi_1(h)\ln\left[\frac{(T - \overline{l}_1)^{1+\delta\alpha}\overline{l}_1^{\delta}}{(1 + \delta\alpha)^{1+\delta\alpha}}\right] + \pi_3(h)\ln\left[\frac{(1 + \delta\alpha + \delta)^{1+\delta\alpha+\delta}}{T^{1+\delta\alpha+\delta}\delta^{\delta}}\right]$$

$$+ [\pi_1(h) - \pi_3(h)]\delta\ln A_g + \delta\alpha[\pi_1(h) - \pi_3(h)]\ln\delta$$

$$+ \delta\alpha[\pi_1(h) - \pi_3(h)]\ln\alpha$$

$$= (1 + \delta\alpha)[\pi_1(h)\ln w_1 - \pi_3(h)\ln w_3]$$

$$+ \pi_1(h)\ln\left[\frac{(T - \overline{l}_1)^{1+\delta\alpha}\overline{l}_1^{\delta}}{(1 + \delta\alpha)^{1+\delta\alpha}}\right] + \pi_3(h)\ln\left[\frac{(1 + \delta\alpha + \delta)^{1+\delta\alpha+\delta}}{T^{1+\delta\alpha+\delta}\delta^{\delta}}\right]$$

$$+ [\pi_1(h) - \pi_3(h)]\ln[h^{(1+\delta\alpha)\sigma+\delta\beta}A_g^{\delta}(\delta\alpha)^{\delta\alpha}]$$

$$= (1 + \delta\alpha)[\pi_1(h)\ln w_1 - \pi_3(h)\ln w_3]$$

$$+ \pi_1(h)\ln\left[\frac{(T - \overline{l}_1)^{1+\delta\alpha}\overline{l}_1^{\delta}}{(1 + \delta\alpha)^{1+\delta\alpha}}\right] + \pi_3(h)\ln\left[\frac{(1 + \delta\alpha + \delta)^{1+\delta\alpha+\delta}}{T^{1+\delta\alpha+\delta}\delta^{\delta}}\right]$$

$$+ [\pi_1(h) - \pi_3(h)]\ln[h^{(1+\delta\alpha)\sigma+\delta\beta}A_g^{\delta}(\delta\alpha)^{\delta\alpha}]$$

$$= (1 + \delta\alpha)[\pi_1(h)\ln w_1 - \pi_3(h)\ln w_3]$$

$$+ \ln\left[\frac{(T - \overline{l}_1)^{\pi_1(h)(1+\delta\alpha)}\overline{l}_1^{\pi_1(h)\delta}}{(1 + \delta\alpha)^{\pi_1(h)(1+\delta\alpha)}}\right] + \ln\left[\frac{(1 + \delta\alpha + \delta)^{\pi_3(h)(1+\delta\alpha+\delta)}}{T^{\pi_3(h)(1+\delta\alpha+\delta)}\delta^{\pi_3(h)\delta}}\right]$$

$$+ [\pi_1(h) - \pi_3(h)]\ln[h^{(1+\delta\alpha)\sigma+\delta\beta}A_g^{\delta}(\delta\alpha)^{\delta\alpha}]$$

$$= (1 + \delta\alpha) \left[\pi_1(h)\ln w_1 - \pi_3(h)\ln w_3 \right] +$$

$$\ln\left[\frac{(T - \overline{l}_1)^{\pi_1(h)(1+\delta\alpha)} \overline{l}_1^{\pi_1(h)\delta} (1 + \delta\alpha + \delta)^{\pi_3(h)(1+\delta\alpha)} (1 + \delta\alpha + \delta)^{\pi_3(h)\delta}}{(1 + \delta\alpha)^{\pi_1(h)(1+\delta\alpha)} T^{\pi_3(h)(1+\delta\alpha)} T^{\pi_3(h)\delta} \delta^{\pi_3(h)\delta}} \right]$$

$$+ \left[\pi_1(h) - \pi_3(h) \right] \ln\left[h^{(1+\delta\alpha)\sigma+\delta\beta} A_g^\delta (\delta\alpha)^{\delta\alpha} \right]$$

$$= (1 + \delta\alpha) \left[\pi_1(h)\ln w_1 - \pi_3(h)\ln w_3 \right]$$

$$+ \ln\left[\frac{(T - \overline{l}_1)^{\pi_1(h)(1+\delta\alpha)} \overline{l}_1^{\pi_1(h)\delta}}{(1 + \delta\alpha)^{[\pi_1(h)-\pi_3(h)](1+\delta\alpha)} l_{p3}^{\pi_3(h)(1+\delta\alpha)} (T - l_{p3})^{\pi_3(h)\delta}} \right]$$

$$+ \left[\pi_1(h) - \pi_3(h) \right] \ln\left[h^{(1+\delta\alpha)\sigma+\delta\beta} A_g^\delta (\delta\alpha)^{\delta\alpha} \right]$$

$$= \ln\left\{ \frac{\left[w_1(T - \overline{l}_1) \right]^{\pi_1(h)(1+\delta\alpha)} \overline{l}_1^{\pi_1(h)\delta} \left[h^{(1+\delta\alpha)\sigma+\delta\beta} A_g^\delta (\delta\alpha)^{\delta\alpha} \right]^{\pi_1(h)-\pi_3(h)}}{(1 + \delta\alpha)^{[\pi_1(h)-\pi_3(h)](1+\delta\alpha)} (w_3 l_{p3})^{\pi_3(h)(1+\delta\alpha)} (T - l_{p3})^{\pi_3(h)\delta}} \right\}$$

$$(27)$$

2. 第一类地点与第二类地点的期望效用差

由式（19）和式（23），得到：

$$\overline{U}_1 - \overline{U}_2$$

$$= \pi_1(h) \left\{ (1 + \delta\alpha)\ln w_1 + \left[\sigma(1 + \delta\alpha) + \delta\beta \right]\ln h + (1 + \delta\alpha) \right.$$

$$\ln(T - \overline{l}_1) - (1 + \delta\alpha)\ln(1 + \delta\alpha) + \delta\ln A_g + \delta\alpha\ln\delta + \delta\alpha\ln\alpha$$

$$\left. + \delta\ln\overline{l}_1 \right\} - \pi_2(h) \left\{ (1 + \delta\alpha)\ln w_2 + \left[\sigma(1 + \delta\alpha) + \delta\beta \right]\ln h \right.$$

$$+ (1 + \delta\alpha)\ln(T - \overline{l}_2) - (1 + \delta\alpha)\ln(1 + \delta\alpha) + \delta\ln A_g$$

$$\left. + \delta\alpha\ln\alpha + \delta\ln\overline{l}_2 \right\}$$

$$= (1 + \delta\alpha) \left[\pi_1(h)\ln w_1 - \pi_2(h)\ln w_2 \right] + \left[\pi_1(h) - \pi_2(h) \right]$$

$$\left[\sigma(1 + \delta\alpha) + \delta\beta \right]\ln h + (1 + \delta\alpha) \left[\pi_1(h)\ln(T - \overline{l}_1) \right.$$

$$\left. - \pi_2(h)\ln(T - \overline{l}_2) \right] - \left[\pi_1(h) - \pi_2(h) \right](1 + \delta\alpha)\ln(1 + \delta\alpha)$$

$$+ \left[\pi_1(h) - \pi_2(h) \right] \left[\delta\ln A_g + \delta\alpha\ln\delta + \delta\alpha\ln\alpha \right]$$

$$+ \delta \left[\pi_1(h)\ln\overline{l}_1 - \pi_2(h)\ln\overline{l}_2 \right]$$

$$= (1 + \delta\alpha) \left[\pi_1(h)\ln w_1 - \pi_2(h)\ln w_2 \right] + (1 + \delta\alpha)$$

$$\left[\pi_1(h)\ln(T - \overline{l}_1) - \pi_2(h)\ln(T - \overline{l}_2) \right]$$

$$+ \left[\pi_1(h) - \pi_2(h)\right]\{\left[\sigma(1 + \delta\alpha) + \delta\beta\right]\ln h + \delta\ln A_g$$

$$+ \delta\alpha\ln\delta + \delta\alpha\ln\alpha - (1 + \delta\alpha)\ln(1 + \delta\alpha)\}$$

$$+ \delta\left[\pi_1(h)\ln\overline{l_1} - \pi_2(h)\ln\overline{l_2}\right]$$

$$= (1 + \delta\alpha)\{\pi_1(h)\ln\left[w_1(T - \overline{l_1})\right] - \pi_2(h)\ln\left[w_2(T - \overline{l_2})\right]\}$$

$$+ \left[\pi_1(h) - \pi_2(h)\right]\{\left[\sigma(1 + \delta\alpha) + \delta\beta\right]\ln h + \delta\ln A_g + \delta\alpha\ln\delta$$

$$+ \delta\alpha\ln\alpha - (1 + \delta\alpha)\ln(1 + \delta\alpha)\} + \delta\left[\pi_1(h)\ln\overline{l_1} - \pi_2(h)\ln\overline{l_2}\right]$$

$$= (1 + \delta\alpha)\left\{\ln\frac{\left[w_1(T - \overline{l_1})\right]^{\pi_1(h)}}{\left[w_2(T - \overline{l_2})\right]^{\pi_2(h)}}\right\}$$

$$+ \left[\pi_1(h) - \pi_2(h)\right]\ln\left[\frac{h^{\sigma(1+\delta\alpha)+\delta\beta}A_g^\delta (\delta\alpha)^{\delta\alpha}}{(1 + \delta\alpha)^{1+\delta\alpha}}\right]$$

$$+ \delta\left[\pi_1(h)\ln\overline{l_1} - \pi_2(h)\ln\overline{l_2}\right]$$

$$= \ln\left\{\frac{\left[w_1(T - \overline{l_1})\right]^{\pi_1(h)(1+\delta\alpha)}\overline{l_1}^{\delta\pi_1(h)}}{\left[w_2(T - \overline{l_2})\right]^{\pi_2(h)(1+\delta\alpha)}\overline{l_2}^{\delta\pi_2(h)}}\right\}$$

$$+ \left[\pi_1(h) - \pi_2(h)\right]\ln\left\{\frac{h^{\sigma(1+\delta\alpha)+\delta\beta}A_g^\delta (\delta\alpha)^{\delta\alpha}}{(1 + \delta\alpha)^{1+\delta\alpha}}\right\}$$

$$= \ln\left\{\frac{\left[w_1(T - \overline{l_1})\right]^{\pi_1(h)(1+\delta\alpha)}\overline{l_1}^{\delta\pi_1(h)}}{\left[w_2(T - \overline{l_2})\right]^{\pi_2(h)(1+\delta\alpha)}\overline{l_2}^{\delta\pi_2(h)}}\left[\frac{h^{\sigma(1+\delta\alpha)+\delta\beta}A_g^\delta (\delta\alpha)^{\delta\alpha}}{(1 + \delta\alpha)^{1+\delta\alpha}}\right]^{\pi_1(h)-\pi_2(h)}\right\}$$

$$（28）$$

可以看到大括号内的乘积中的后一项只与务工者的人力资本相关。

3. 第二类务工地点与第三类务工地点期望效用的差

由式（23）和式（15），得到：

$$\overline{U_2} - U_3$$

$$= \pi_2(h)\{(1 + \delta\alpha)\ln w_2 + \left[\sigma(1 + \delta\alpha) + \delta\beta\right]\ln h$$

$$+ (1 + \delta\alpha)\ln(T - \overline{l_2}) - (1 + \delta\alpha)\ln(1 + \delta\alpha)$$

$$+ \delta \ln A_g + \delta \alpha \ln \delta + \delta \alpha \ln \alpha + \delta \ln \overline{l}_2 \} - \pi_3(h) \{ (1 + \delta \alpha) \ln w_3$$

$$+ [(1 + \delta \alpha) \sigma + \delta \beta] \ln h + (1 + \delta \alpha + \delta) \ln T - (1 + \delta \alpha + \delta)$$

$$\ln(1 + \delta \alpha + \delta) + \delta \ln A_g + \delta(1 + \alpha) \ln \delta + \delta \alpha \ln \alpha \}$$

$$= [\pi_2(h) - \pi_3(h)] [(1 + \delta \alpha) \sigma + \delta \beta] \ln h$$

$$+ (1 + \delta \alpha) [\pi_2(h) \ln w_2 - \pi_3(h) \ln w_3]$$

$$+ \ln \frac{(T - \overline{l}_2)^{\pi_2(h)(1+\delta\alpha)} \overline{l}_2^{\pi_2(h)\delta} (1 + \delta \alpha + \delta)^{\pi_3(h)(1+\delta\alpha+\delta)}}{T^{\pi_3(h)(1+\delta\alpha+\delta)} (1 + \delta \alpha)^{\pi_2(h)(1+\delta\alpha)} \delta^{\pi_3(h)\delta}}$$

$$+ [\pi_2(h) - \pi_3(h)] \delta \ln A_g + \alpha \delta [\pi_1(h) - \pi_3(h)] \ln \delta$$

$$+ \delta \alpha [\pi_1(h) - \pi_3(h)] \ln \alpha$$

$$= [\pi_2(h) - \pi_3(h)] \ln [h^{(1+\delta\alpha)\sigma+\delta\beta} A_g^\delta (\delta\alpha)^{\alpha\delta}]$$

$$+ (1 + \delta \alpha) [\pi_2(h) \ln w_2 - \pi_3(h) \ln w_3]$$

$$+ \ln \frac{(T - \overline{l}_2)^{\pi_2(h)(1+\delta\alpha)} \overline{l}_2^{\pi_2(h)\delta}}{l_{p3}^{\pi_3(h)(1+\delta\alpha)} (T - l_{p3})^{\pi_3(h)\delta} (1 + \delta\alpha)^{[\pi_2(h)-\pi_3(h)](1+\delta\alpha)}}$$

$$= [\pi_2(h) - \pi_3(h)] \ln [h^{(1+\delta\alpha)\sigma+\delta\beta} A_g^\delta (\delta\alpha)^{\alpha\delta}]$$

$$+ \ln \frac{[w_2(T - \overline{l}_2)]^{\pi_2(h)(1+\delta\alpha)} \overline{l}_2^{\pi_2(h)\delta}}{(w_3 l_{p3})^{\pi_3(h)(1+\delta\alpha)} (T - l_{p3})^{\pi_3(h)\delta} (1 + \delta\alpha)^{[\pi_2(h)-\pi_3(h)](1+\delta\alpha)}}$$

$$= \ln \left\{ \frac{[w_2(T - \overline{l}_2)]^{\pi_2(h)(1+\delta\alpha)} \overline{l}_2^{\pi_2(h)\delta} [h^{(1+\delta\alpha)\sigma+\delta\beta} A_g^\delta (\delta\alpha)^{\alpha\delta}]^{\pi_2(h)-\pi_3(h)}}{(w_3 l_{p3})^{\pi_3(h)(1+\delta\alpha)} (T - l_{p3})^{\pi_3(h)\delta} (1 + \delta\alpha)^{[\pi_2(h)-\pi_3(h)](1+\delta\alpha)}} \right\}$$

$$\tag{29}$$

以下根据外出务工人员的人力资本分别讨论各类人群的务工地点选择。

（二）不同学历务工者就业空间选择分析

1. 初中及以下学历的务工者的就业空间选择

当务工者人力资本很低时，例如小学及以下文化程度的人群在本地获得工作的概率，特别是较为稳定工作的概率很低，因为距离村庄较近乡镇的经济规模普遍很小，不能提供很多适合小学文化程度的工作机会，因而，可以把 $\pi_3(h)$ 考虑为接近于零，这样，U_3 会很小，因此，$U_1 > U_3$，人力资本很低的父母会选择省外务工。

究其原因，这是因为小学及以下学历务工者因自身在就业市场上的竞争力不强，很难在岗位有限的情况下获得距离家庭较近的"本地"和"省内"的就业机会，若要谋取较为稳定的就业岗位，往往只能通过到工作岗位更充裕的省外就业。而且，通常情况下，初中学历者较小学及以下学历者有更强的市场竞争力，当一个地方的就业空间有限时，初中学历者获得岗位的概率较小学及以下学历者更高。

根据中国制造业分布的特点，制造业主要分布于东部沿海等发达区域的客观事实，对于初中学历的务工者，根据他们在省外的就业机会远大于省内的特点，可以得出 $\pi_1(h)$ – $\pi_3(h)$ 的差值较大的结论。[①]

由式（27），本地和省外务工期望效用的差值为：

$$\overline{U}_1 - U_3 = \ln\left\{\left\{\frac{\left[w_1 h^\sigma (T - \overline{l}_1)\right]^{\pi_1(h)}}{(w_3 h^\sigma l_{p3})^{\pi_3(h)}}\right\}^{1+\delta\alpha}\left[\frac{\overline{l_1}^{\pi_1(h)}}{(T - l_{p3})^{\pi_3(h)}}\right]^\delta\right.$$
$$\left.\left[\frac{h^{\delta\beta} A_g^\delta (\delta\alpha)^{\delta\alpha}}{(1 + \delta\alpha)^{(1+\delta\alpha)}}\right]^{\pi_1(h) - \pi_3(h)}\right\} \tag{30}$$

---

① 基于对不同学历群体从事职业的原始数据统计发现，初中学历者和小学及以下学历者所从事行业有很大的重合，即都是以制造业和建筑业为主；二者的差异是，初中学历者从事制造业的比例高于从事建筑业的比例，小学及以下学历者从事建筑行业的比例高于从事制造业的比例。同时，小学及以下学历者打零工的比例远远高于初中学历者打零工的比例。

当 $\pi_3(h)$ 足够小时，U_3 也足够小，使 $\overline{U}_1 - U_3 > 0$。

下面考虑 $\pi_3(h)$ 不能当作零来考虑的情况。

当 δ 充分小时，$(\delta\alpha)^{\delta\alpha}$ 趋近于 1，最后的两项乘积趋近于 1。而大括号中乘积的第一项大于 1，由于 $\pi_1(h)$ 和 $\pi_3(h)$ 的差距较大，所以第一项因子会远大于 1。因而，式（30）的右侧会大于零。当父母对子女的爱 δ 很小时，父母会选择在省外务工。

即使 δ 不是很小时，只要 $\dfrac{[w_1 h^\sigma (T - \overline{l}_1)]^{\pi_1(h)}}{(w_3 h^\sigma l_{p3})^{\pi_3(h)}} >$

$\left[\dfrac{(T - l_{p3})^{\pi_3(h)}}{\overline{l}_1{}^{\pi_1(h)}}\right]^{\frac{\delta}{1+\delta\alpha}} \left[\dfrac{(1+\delta\alpha)^{(1+\delta\alpha)}}{h^{\delta\beta} A_g^\delta (\delta\alpha)^{\delta\alpha}}\right]^{\frac{\alpha(1+\delta\alpha)}{1+\delta\alpha}}$ 时，式（30）右侧为正。

因而，$\overline{U}_1 > U_3$。务工人员选择去省外务工。

当 $\dfrac{[w_1 h^\sigma (T - \overline{l}_1)]^{\pi_1(h)}}{(w_3 h^\sigma l_{p3})^{\pi_3(h)}} < \left[\dfrac{(T - l_{p3})^{\pi_3(h)}}{\overline{l}_1{}^{\pi_1(h)}}\right]^{\frac{\delta}{1+\delta\alpha}} \left[\dfrac{(1+\delta\alpha)^{(1+\delta\alpha)}}{h^{\delta\beta} A_g^\delta (\delta\alpha)^{\delta\alpha}}\right]^{\frac{\alpha(1+\delta\alpha)}{1+\delta\alpha}}$

时，式（30）右侧为负，因而，$\overline{U}_1 < U_3$，务工人员选择在本地务工。

当 $\dfrac{[w_1 h^\sigma (T - \overline{l}_1)]^{\pi_1(h)}}{(w_3 h^\sigma l_{p3})^{\pi_3(h)}} = \left[\dfrac{(T - l_{p3})^{\pi_3(h)}}{\overline{l}_1{}^{\pi_1(h)}}\right]^{\frac{\delta}{1+\delta\alpha}} \left[\dfrac{(1+\delta\alpha)^{(1+\delta\alpha)}}{h^{\delta\beta} A_g^\delta (\delta\alpha)^{\delta\alpha}}\right]^{\frac{\alpha(1+\delta\alpha)}{1+\delta\alpha}}$

时，省外务工的期望效用与本地务工的期望效用相等。

注意，由式（4）可以看到：

$$\frac{[w_1 h^\sigma (T - \overline{l}_1)]^{\pi_1(h)}}{(w_3 h^\sigma l_{p3})^{\pi_3(h)}} = \frac{I_1^{\pi_1(h)}}{I_3^{\pi_3(h)}}$$

我们把等号右侧的比称为收入对数期望比。

当 $h^{\delta\beta}A_g^{\delta}(\delta\alpha)^{\delta\alpha} \geq (1+\delta\alpha)^{(1+\delta\alpha)}$ 时，$\dfrac{(1+\delta\alpha)^{(1+\delta\alpha)}}{h^{\delta\beta}A_g^{\delta}(\delta\alpha)^{\delta\alpha}} \geq 1$，

式（30）乘积的第三项大于等于1。当 $\dfrac{[w_1h^{\sigma}(T-\overline{l}_1)]^{\pi_1(h)}}{(w_3h^{\sigma}l_{p3})^{\pi_3(h)}} >$

$\left[\dfrac{(T-l_{p3})^{\pi_3(h)}}{\overline{l}_1^{\ \pi_1(h)}}\right]^{\frac{\delta}{1+\delta\alpha}}$ 时，第一项与第二项的乘积也大于1。这样

有 $\overline{U}_1 > U_3$。

当 $\beta > \alpha$ 时，由于 $h > \delta\alpha$（由 $\delta < 1, \alpha < 1$，因为这里考虑初中文化程度，所以不等式成立），应有 $h^{\beta}(\delta\alpha)^{\alpha} > 1$，当 $A_g > (1+\delta\alpha)^{\frac{1+\delta\alpha}{\delta}}$ 时，会有 $h^{\delta\beta}A_g^{\delta}(\delta\alpha)^{\delta\alpha} > (1+\delta\alpha)^{(1+\delta\alpha)}$ 成立。

当 δ 比较小时，$\left[\dfrac{(T-l_{p3})^{\pi_3(h)}}{\overline{l}_1^{\ \pi_1(h)}}\right]^{\frac{\delta}{1+\delta\alpha}}$ 接近于1，而显然，

$\dfrac{[w_1h^{\sigma}(T-\overline{l}_1)]^{\pi_1(h)}}{(w_3h^{\sigma}l_{p3})^{\pi_3(h)}} > 1$，因而 $\dfrac{[w_1h^{\sigma}(T-\overline{l}_1)]^{\pi_1(h)}}{(w_3h^{\sigma}l_{p3})^{\pi_3(h)}} >$

$\left[\dfrac{(T-l_{p3})^{\pi_3(h)}}{\overline{l}_1^{\ \pi_1(h)}}\right]^{\frac{\delta}{1+\delta\alpha}}$ 也成立。因此，务工者选择去省外务工。

当 $\pi_3(h)$ 充分小时，由式（27），有 $\overline{U}_1 > U_3$。

而工资收入对数期望较大是因为，①当人力资本较高时，两地的工资收入对数期望比中的因子 $h^{\sigma[\pi_1(h)-\pi_3(h)]}$ 当 σ 和 $\pi_1(h)-\pi_2(h)$ 比较大时，会比较大。②对于不同的工作，工资收入关于人力资本的弹性不同，虽然模型中为了简化，使用统一的 σ，但在省外制造业中有很多工种可供选择，各

类工作对于人力资本的重视度不同，因而，收入对于人力资本的弹性也不同，初中毕业的人在一些工种上会比小学程度的务工者收入高。在省外可以找到这些适合初中程度学历、收入弹性更高的工作，因而，两地的收入对数期望比中，σ 也不同，省外务工的 σ 要大于省内和本地的收入弹性。

当 δ 比较大，但 $\beta < \alpha$，而且 A_g 较小的话，会有 $h^{\delta\beta}A_g^{\delta}$ $(\delta\alpha)^{\delta\alpha} < (1+\delta\alpha)^{(1+\delta\alpha)}$，式（30）乘积中的第三项小于1，第二项当 $\bar{l_1}$ 充分小时，也会小于1，由于 δ 比较大，这项可以很小，这样，三项的乘积可能会小于1。这种情况下，$\bar{U_1} < U_3$，务工者选择在本地务工。即当父母对孩子的爱很强且孩子的生活环境与先天条件较差时，父母会选择增大孩子的人力资本而选择在本地务工。

为了简化分析，模型中并未包含通勤费用和通勤时间等因素。在考虑这些因素时，可以把通勤费用算在收入里，即在原有收入中扣除通勤费用。例如，设通勤费用为 c，令 $c' = \dfrac{c}{h^{\sigma}\dfrac{1+\alpha\delta}{1+\delta\alpha+\delta}T}$。那么，有通勤费用的人的工资率就为 $w_3 - c'$。

扣除通勤费后实际的工资收入为：$(w_i - c')h^{\sigma}\dfrac{(1+\delta\alpha)T}{1+\delta\alpha+\delta}$。当通勤费用很高或通勤时间很长时，虽然不考虑通勤费用时 $U_3 > U_1$，而扣除通勤成本后，如果省内务工实际的工资收入比期望收入要低很多时，务工者仍会选择到省外务工。同样，可以把在省外务工时的住宿和回家的交通费同样做上述计算。

但考虑到在省外务工时，很多企业特别是建筑业和制造业企业通常会提供宿舍居住，而且住宿费通常比较低或免费提供，同时由于务工者每年回家的次数有限，其通勤费用或时间往往比在省内务工时还低。这些也可能会导致部分距离本县城比较远或交通不便的务工者选择省外务工。反之，如果务工者选择在省内务工，特别是在一些通勤不便的县城或周边城市时，反而导致通勤费用或时间较高，这也是我们看到在样本中，不少距离本县县城或周边城市较远村庄的村民没有选择在本县或附近城市，反而到距离更远的省外务工的原因。

另外，找寻工作的正式网络（广告、招聘会）和非正式网络（社会网络）也会使找到工作的概率有所改变。当同村的很多人在省外务工时，其他人也会通过社会网络而去同一地点务工。由于省外的产业集聚有容纳大规模的务工人群的产业，这样，$\pi_1(h)$ 会很高。[1]

这样，省外的工资收入对数期望与本地收入的比在 $\pi_1(h)$ 很高、$\pi_3(h)$ 很低时，$\left(\dfrac{I_1^{\ \pi_1(h)}}{I_3^{\ \pi_3(h)}} \right)^{1+\delta\alpha}$ 会很大，可以满足

$$\left(\frac{I_1^{\ \pi_1(h)}}{I_3^{\ \pi_3(h)}} \right)^{1+\delta\alpha} > \left[\frac{(T-l_{p3})^{\pi_3(h)}}{\overline{l}_1^{\ \pi_1(h)}} \right]^{\delta} \left[\frac{(1+\delta\alpha)^{(1+\delta\alpha)}}{h^{\delta\beta} A_g^{\ \delta} (\delta\alpha)^{\delta\alpha}} \right]^{\pi_1(h)-\pi_3(h)},$$ 务

工者选择省外务工。

---

[1]　对调研数据进行统计分析发现，53.24%的省外务工人员是通过社会网络找到工作的。

现在我们分析初中学历务工者在省内和省外务工的情况。省内务工与孩子相处和辅导孩子的时间 $\overline{l}_2$ 显然会大于省外务工，即 $\overline{l}_2 > \overline{l}_1$。

由式（28），得到：

$$\overline{U}_1 - \overline{U}_2 = \ln\left\{\left\{\frac{\left[w_1(T-\overline{l}_1)\right]^{\pi_1(h)}}{\left[w_2(T-\overline{l}_2)\right]^{\pi_2(h)}}\right\}^{1+\delta\alpha}\left[\frac{\overline{l}_1^{\pi_1(h)}}{\overline{l}_2^{\pi_2(h)}}\right]^{\delta}\right.$$

$$\left.\left[\frac{h^{\sigma(1+\delta\alpha)+\delta\beta}A_g^{\delta}(\delta\alpha)^{\delta\alpha}}{(1+\delta\alpha)^{1+\delta\alpha}}\right]^{\pi_1(h)-\pi_2(h)}\right\}$$

$$= \ln\left\{\left\{\frac{\left[w_1h^{\sigma}(T-\overline{l}_1)\right]^{\pi_1(h)}}{\left[w_2h^{\sigma}(T-\overline{l}_2)\right]^{\pi_2(h)}}\right\}^{1+\delta\alpha}\left[\frac{\overline{l}_1^{\pi_1(h)}}{\overline{l}_2^{\pi_2(h)}}\right]^{\delta}\left[\frac{h^{\delta\beta}A_g^{\delta}(\delta\alpha)^{\delta\alpha}}{(1+\delta\alpha)^{1+\delta\alpha}}\right]^{\pi_1(h)-\pi_2(h)}\right\}$$

$$= \ln\left\{\left[\frac{I_1^{\pi_1(h)}}{I_2^{\pi_2(h)}}\right]^{1+\delta\alpha}\left[\frac{\overline{l}_1^{\pi_1(h)}}{\overline{l}_2^{\pi_2(h)}}\right]^{\delta}\left[\frac{h^{\delta\beta}A_g^{\delta}(\delta\alpha)^{\delta\alpha}}{(1+\delta\alpha)^{1+\delta\alpha}}\right]^{\pi_1(h)-\pi_2(h)}\right\} \quad (31)$$

当 $\dfrac{I_1^{\pi_1(h)}}{I_2^{\pi_2(h)}} > \left[\dfrac{\overline{l}_2^{\pi_2(h)}}{\overline{l}_1^{\pi_1(h)}}\right]^{\frac{\delta}{1+\delta\alpha}}\left[\dfrac{(1+\delta\alpha)^{1+\delta\alpha}}{h^{\delta\beta}A_g^{\delta}(\delta\alpha)^{\delta\alpha}}\right]^{\frac{\pi_1(h)-\pi_2(h)}{1+\delta\alpha}}$ 时，式（31）的右

侧为正，$\overline{U}_1 > \overline{U}_2$。当 $\dfrac{I_1^{\pi_1(h)}}{I_2^{\pi_2(h)}} < \left[\dfrac{\overline{l}_2^{\pi_2(h)}}{\overline{l}_1^{\pi_1(h)}}\right]^{\frac{\delta}{1+\delta\alpha}}\left[\dfrac{(1+\delta\alpha)^{1+\delta\alpha}}{h^{\delta\beta}A_g^{\delta}(\delta\alpha)^{\delta\alpha}}\right]^{\frac{\pi_1(h)-\pi_2(h)}{1+\delta\alpha}}$ 时，

式（31）的右侧为负，$\overline{U}_1 < \overline{U}_2$。当 $\dfrac{I_1^{\pi_1(h)}}{I_2^{\pi_2(h)}} = \left[\dfrac{\overline{l}_2^{\pi_2(h)}}{\overline{l}_1^{\pi_1(h)}}\right]^{\frac{\delta}{1+\delta\alpha}}$

$\left[\dfrac{(1+\delta\alpha)^{1+\delta\alpha}}{h^{\delta\beta}A_g^{\delta}(\delta\alpha)^{\delta\alpha}}\right]^{\frac{\pi_1(h)-\pi_2(h)}{1+\delta\alpha}}$ 时，$\overline{U}_1 = \overline{U}_2$。

如上所述，当 $\beta > \alpha$ 且 A_g 比较大时，$\dfrac{h^{\delta\beta}A_g^{\delta}(\delta\alpha)^{\delta\alpha}}{(1+\delta\alpha)^{1+\delta\alpha}} \geq 1$，

当 $\dfrac{\left[w_1 h^\sigma (T-\overline{l}_1)\right]^{\pi_1(h)}}{\left[w_2 h^\sigma (T-\overline{l}_2)\right]^{\pi_2(h)}} > \left[\dfrac{\overline{l}_2^{\pi_2(h)}}{\overline{l}_1^{\pi_1(h)}}\right]^{\frac{\delta}{1+\delta\alpha}}$ 时，$\overline{U}_1 > \overline{U}_2$。即当两地的

收入比大于用于孩子的时间比时，务工者选择省外务工。

当 A_g 较小，$\dfrac{h^{\delta\beta} A_g^\delta (\delta\alpha)^{\delta\alpha}}{(1+\delta\alpha)^{1+\delta\alpha}} < 1$ 时，式（31）乘积中的第三

个因子小于 1。当 $\pi_1(h)$ 与 $\pi_2(h)$ 相差较大时，

$\dfrac{\left[w_1 h^\sigma (T-\overline{l}_1)\right]^{\pi_1(h)}}{\left[w_2 h^\sigma (T-\overline{l}_2)\right]^{\pi_2(h)}}$ 会比较大。把式（31）改写为：

$$\overline{U}_1 - \overline{U}_2 = \ln\left\{ \left[\dfrac{I_1^{\pi_1(h)}}{I_2^{\pi_2(h)}}\right]^{1+\delta\alpha} \left[\dfrac{\overline{l}_1^{\pi_1(h)}\left[h^\beta A_g (\delta\alpha)^\alpha\right]^{\pi_1(h)-\pi_2(h)}}{\overline{l}_2^{\pi_2(h)}}\right]^\delta \right.$$

$$\left. \left[\dfrac{1}{(1+\delta\alpha)^{1+\delta\alpha}}\right]^{\pi_1(h)-\pi_2(h)} \right\} \tag{32}$$

当 δ 很小时，式（32）中乘积的第二项接近于 1，当

$\dfrac{\left[w_1 h^\sigma (T-\overline{l}_1)\right]^{\pi_1(h)}}{\left[w_2 h^\sigma (T-\overline{l}_2)\right]^{\pi_2(h)}} > (1+\delta\alpha)^{\pi_1(h)-\pi_2(h)}$ 时，会有 $\overline{U}_1 > \overline{U}_2$。

同样，当 $\pi_2(h)$ 很小时，由式（28），显然 $\overline{U}_1 > \overline{U}_2$。
综上情况，务工者选择省外务工，而不选择省内务工。

当 $\dfrac{h^{\delta\beta} A_g^\delta (\delta\alpha)^{\delta\alpha}}{(1+\delta\alpha)^{1+\delta\alpha}} < 1$，式（31）中乘积的第三项小于 1。

当 $\overline{l}_1$ 很小、δ 比较大时，乘积的第二个因子小于 1，且会很

小，$\dfrac{\left[w_1 h^\sigma (T-\overline{l}_1)\right]^{\pi_1(h)}}{\left[w_2 h^\sigma (T-\overline{l}_2)\right]^{\pi_2(h)}} < \left[\dfrac{\overline{l}_2^{\pi_2(h)}}{\overline{l}_1^{\pi_1(h)}}\right]^{\frac{\delta}{1+\delta\alpha}} \left[\dfrac{(1+\delta\alpha)^{1+\delta\alpha}}{h^{\delta\beta} A_g^\delta (\delta\alpha)^{\delta\alpha}}\right]^{\frac{\pi_1(h)-\pi_2(h)}{1+\delta\alpha}}$ 可能

会成立。这时 $\bar{U}_1 < \bar{U}_2$。因此，在 A_g 足够小、$\pi_2(h)$ 不是非常小的情况下，有些务工者为了孩子的教育会选择省内务工。

考虑省内务工存在通勤成本的情况，在省内务工时，辅导孩子的时间多于省外务工，但是如果省内务工地点离家很远且交通不便的话，计算成本之后，实际的工资率会更低。在 $U_1 = U_2$ 的情况，甚至 $U_1 < U_2$ 的情况下，父母仍有可能选择省外务工。

对于省内务工与本地务工的比较与前面省外务工与本地务工的比较类似，由式（29），得到：

$$
\begin{aligned}
\bar{U}_2 - U_3 &= \ln\left\{\left\{\frac{\left[w_2(T-\bar{l}_2)h^\sigma\right]^{\pi_2(h)}}{(w_3 l_{p3} h^\sigma)^{\pi_3(h)}}\right\}^{1+\delta\alpha}\left(\frac{\bar{l}_2^{\ \pi_2(h)}}{(T-l_{p3})^{\pi_3(h)}}\right)^\delta\right. \\
&\quad \left.\left\{\frac{h^{\delta\beta}A_g^\delta(\delta\alpha)^{\alpha\delta}}{(1+\delta\alpha)^{1+\delta\alpha}}\right\}^{\pi_2(h)-\pi_3(h)}\right\} \\
&= \ln\left\{\left\{\frac{I_2^{\ \pi_2(h)}}{I_3^{\ \pi_3(h)}}\right\}^{1+\delta\alpha}\left(\frac{\bar{l}_2^{\ \pi_2(h)}}{(T-l_{p3})^{\pi_3(h)}}\right)^\delta\left\{\frac{h^{\delta\beta}A_g^\delta(\delta\alpha)^{\alpha\delta}}{(1+\delta\alpha)^{1+\delta\alpha}}\right\}^{\pi_2(h)-\pi_3(h)}\right\}
\end{aligned}
$$

$$(33)$$

首先，作为充要条件：当 $\dfrac{I_2^{\ \pi_1(h)}}{I_3^{\ \pi_2(h)}} < \left(\dfrac{(T-l_{p3})^{\pi_3(h)}}{\bar{l}_2^{\ \pi_2(h)}}\right)^{\frac{\delta}{1+\delta\alpha}}$

$\left\{\dfrac{(1+\delta\alpha)^{(1+\delta\alpha)}}{h^{\delta\beta}A_g^\delta(\delta\alpha)^{\alpha\delta}}\right\}^{\frac{\pi_2(h)-\pi_3(h)}{1+\delta\alpha}}$ 时，$\bar{U}_2 < U_3$；当 $\dfrac{I_2^{\ \pi_1(h)}}{I_3^{\ \pi_2(h)}} >$

$\left(\dfrac{(T-l_{p3})^{\pi_3(h)}}{\bar{l}_2^{\ \pi_2(h)}}\right)^{\frac{\delta}{1+\delta\alpha}}\left\{\dfrac{(1+\delta\alpha)^{(1+\delta\alpha)}}{h^{\delta\beta}A_g^\delta(\delta\alpha)^{\alpha\delta}}\right\}^{\frac{\pi_2(h)-\pi_3(h)}{1+\delta\alpha}}$ 时，$\bar{U}_2 > U_3$；当

$\dfrac{I_2^{\ \pi_1(h)}}{I_3^{\ \pi_2(h)}} = \left(\dfrac{(T-l_{p3})^{\pi_3(h)}}{\bar{l}_2^{\ \pi_2(h)}}\right)^{\frac{\delta}{1+\delta\alpha}}\left\{\dfrac{(1+\delta\alpha)^{(1+\delta\alpha)}}{h^{\delta\beta}A_g^\delta(\delta\alpha)^{\alpha\delta}}\right\}^{\frac{\pi_2(h)-\pi_3(h)}{1+\delta\alpha}}$ 时，$\bar{U}_2 = U_3$。

其次，简化这些条件：由于 $\pi_2(h) - \pi_3(h)$ 比较小，最后一项接近于 1，当 $\left\{ \dfrac{[w_2 h^\sigma (T - \bar{l}_2)]^{\pi_2(h)}}{(w_3 h^\sigma l_{p3})^{\pi_3(h)}} \right\} < \left(\dfrac{(T - l_{p3})^{\pi_3(h)}}{\bar{l}_2^{\pi_2(h)}} \right)^{\frac{\delta}{1+\delta\alpha}}$ 时，$\bar{U}_2 - U_3 < 0$，务工者选择本地务工。当 $\left\{ \dfrac{[w_2 h^\sigma (T - \bar{l}_2)]^{\pi_2(h)}}{(w_3 h^\sigma l_{p3})^{\pi_3(h)}} \right\} > \left(\dfrac{(T - l_{p3})^{\pi_3(h)}}{\bar{l}_2^{\pi_2(h)}} \right)^{\frac{\delta}{1+\delta\alpha}}$ 时，务工者选择省内务工。

当 $\bar{l}_2$ 很小时，$\left(\dfrac{(T - l_{p3})^{\pi_3(h)}}{\bar{l}_2^{\pi_2(h)}} \right)^{\frac{\delta}{1+\delta\alpha}}$ 会很大，因而 $\dfrac{I_1^{\pi_1(h)}}{I_2^{\pi_2(h)}} < \left(\dfrac{(T - l_{p3})^{\pi_3(h)}}{\bar{l}_2^{\pi_2(h)}} \right)^{\frac{\delta}{1+\delta\alpha}}$ 成立，务工者选择在本地务工。

下面我们做综合比较。当 δ 充分小时，$\bar{U}_1 > \bar{U}_2$，$\bar{U}_1 > U_3$，因而，务工者选择省外务工。当 $\pi_2(h)$，$\pi_3(h)$ 都很小时，同样，务工者选择省外务工。

当 δ 不是十分小，且 $h^{\delta\beta} A_g^\delta (\delta\alpha)^{\delta\alpha} < (1 + \delta\alpha)^{1+\delta\alpha}$ 时，式（30）右侧大括号乘积中的第三项小于1，当 $\pi_3(h)$ 不是非常小时，$\left[\dfrac{I_1^{\pi_1(h)}}{I_3^{\pi_3(h)}} \right]^{1+\delta\alpha} \left[\dfrac{\bar{l}_1^{\pi_1(h)}}{(T - l_{p3})^{\pi_3(h)}} \right]^{\delta} < 1$ 可能成立，这时务工者不选择省外务工，而选择本地务工。当 $\pi_2(h)$ 与 $\pi_3(h)$ 比较接近时，$\left\{ \dfrac{I_2^{\pi_2(h)}}{I_3^{\pi_3(h)}} \right\}^{1+\delta\alpha} \left(\dfrac{\bar{l}_2^{\pi_2(h)}}{(T - l_{p3})^{\pi_3(h)}} \right)^{\delta} < 1$ 可能成立，务工者不选择在省内其他城市务工而选择本地务工。综合起来，

当 $h^{\delta\beta}A_g^{\delta}(\delta\alpha)^{\delta\alpha} < (1+\delta\alpha)^{1+\delta\alpha}$ 时，即 A_g 比较小时，务工者选择本地务工。

总而言之，当 A_g 比较小，δ 比较大，$\pi_3(h)$ 不接近于零，且 $\pi_2(h)$ 与 $\pi_3(h)$ 相差不是很大时，本地务工的期望效用大于省内与省外务工的效用，因而务工者选择本地务工。

2. 高中学历者的就业空间选择

鉴于高中学历在农村劳动力中已经具备较强的市场竞争力，假设他们在本地和省外找到适合自己的工作的概率均较高。首先分析高中学历者在本地和省外就业选择的问题，假设 $\varpi = \pi_1(h) - \pi_3(h)$，并带入式（30）中，可以得到：

$$\overline{U}_1 - U_3 = \ln\left\{ \left\{ \frac{[w_1 h^{\sigma}(T-\overline{l}_1)]^{\pi_1(h)}}{(w_3 h^{\sigma} l_{p3})^{\pi_3(h)}} \right\}^{1+\delta\alpha} \right.$$
$$\left. \left[\frac{\overline{l}_1^{\pi_1(h)}}{(T-l_{p3})^{\pi_3(h)}} \right]^{\delta} \left[\frac{h^{\delta\beta}A_g^{\delta}(\delta\alpha)^{\delta\alpha}}{(1+\delta\alpha)^{(1+\delta\alpha)}} \right] \right\}$$
$$= \ln\left\{ \left[\frac{I_1^{\pi_1(h)}}{I_3^{\pi_2(h)}} \right]^{1+\delta\alpha} \left[\frac{\overline{l}_1^{\pi_1(h)}}{(T-l_{p3})^{\pi_3(h)}} \right]^{\delta} \left[\frac{h^{\delta\beta}A_g^{\delta}(\delta\alpha)^{\delta\alpha}}{(1+\delta\alpha)^{(1+\delta\alpha)}} \right] \right\} \quad (34)$$

在考虑式（34）的正负之前，首先考虑，假设在省外务工时也能每天通勤回家的话，设效用为 U_1，则：

$$\begin{aligned} U_1 = \pi_1(h)\{ &(1+\delta\alpha)\ln w_3 + [(1+\delta\alpha)\sigma + \delta\beta]\ln h \\ &+ (1+\delta\alpha+\delta)\ln T - (1+\delta\alpha+\delta)\ln(1+\delta\alpha+\delta) \\ &+ \delta\ln A_g + \delta(1+\alpha)\ln\delta + \delta\alpha\ln\alpha\} \end{aligned}$$

计算：

$$U_1 - \overline{U}_1$$

$$
\begin{aligned}
&= \pi_1(h)\left\{(1+\delta\alpha)\ln w_1 + \left[(1+\delta\alpha)\sigma + \delta\beta\right]\ln h\right.\\
&\quad + (1+\delta\alpha+\delta)\ln T - (1+\delta\alpha+\delta)\ln(1+\delta\alpha+\delta)\\
&\quad \left.+ \delta\ln A_g + \delta(1+\alpha)\ln\delta + \delta\alpha\ln\alpha\right\} - \pi_1(h)\left\{(1+\delta\alpha)\ln w_1\right.\\
&\quad + \left[\sigma(1+\delta\alpha)+\delta\beta\right]\ln h + (1+\delta\alpha)\ln(T-\overline{l}_1) - (1+\delta\alpha)\\
&\quad \left.\ln(1+\delta\alpha) + \delta\ln A_g + \delta\alpha\ln\delta + \delta\alpha\ln\alpha + \delta\ln\overline{l}_1\right\}
\end{aligned}
$$

$$
\begin{aligned}
&= \pi_1(h)\left\{(1+\delta\alpha+\delta)\ln T - (1+\delta\alpha)\ln(T-\overline{l}_1)\right.\\
&\quad - (1+\delta\alpha+\delta)\ln(1+\delta\alpha+\delta) + (1+\delta\alpha)\ln(1+\delta\alpha)\\
&\quad \left.+ \delta\ln\delta - \delta\ln\overline{l}_1\right\}
\end{aligned}
$$

$$
= \pi_1(h)\ln\left\{\frac{T^{1+\delta\alpha+\delta}\,\delta^\delta\,(1+\delta\alpha)^{1+\delta\alpha}}{(T-\overline{l}_1)^{1+\delta\alpha}\,(1+\delta\alpha+\delta)^{1+\delta\alpha+\delta}\,\overline{l}_1}\right\}
$$

$$
= \pi_1(h)\ln\left\{\frac{T^{1+\delta\alpha}\,(\delta T)^\delta\,(1+\delta\alpha)^{1+\delta\alpha}}{(T-\overline{l}_1)^{1+\delta\alpha}\,(1+\delta\alpha+\delta)^{1+\delta\alpha+\delta}\,\overline{l}_1}\right\}
$$

$$
= \pi_1(h)\ln\left\{\frac{l_{p1}^{1+\delta\alpha}\,(T-l_{p1})^\delta}{(T-\overline{l}_1)^{1+\delta\alpha}\,\overline{l}^\delta_1}\right\} \tag{35}
$$

由前面的定义，U_1 取得效用最大值，因而，$U_1 > \overline{U}_1$。由式

(35)，$\dfrac{l_{p1}^{1+\delta\alpha}\,(T-l_{p1})^\delta}{(T-\overline{l}_1)^{1+\delta\alpha}\,\overline{l}^\delta_1} > 1$。因而，$\dfrac{(T-l_{p1})^\delta}{\overline{l}^\delta_1} > \dfrac{(T-\overline{l}_1)^{1+\delta\alpha}}{l_{p1}^{1+\delta\alpha}}$。

即 $\left[\dfrac{T-\overline{l}_1}{l_{p1}}\right]^{1+\delta\alpha} < \left[\dfrac{T-l_{p1}}{\overline{l}_1}\right]^\delta$。由前面模型的计算，$l_{pi} = l_{pj}$，$i \neq$

j。因此得到，$\left[\dfrac{T-\overline{l}_1}{l_{p3}}\right]^{1+\delta\alpha} < \left[\dfrac{T-l_{p3}}{\overline{l}_1}\right]^\delta$。

由 $\left[\dfrac{T-\overline{l}_1}{l_{p3}}\right]^{1+\delta\alpha} < \left[\dfrac{T-l_{p3}}{\overline{l}_1}\right]^\delta$，当 w_1 与 w_3、$\pi_1(h)$ 和

$\pi_3(h)$ 都相差不大时，有

$$\left\{ \frac{\left[w_1 h^\sigma (T - \overline{l}_1) \right]^{\pi_1(h)}}{(w_3 h^\sigma l_{p3})^{\pi_3(h)}} \right\}^{1+\delta\alpha} < \left[\frac{(T - l_{p3})^{\pi_3(h)}}{\overline{l}_1^{\pi_1(h)}} \right]^\delta$$

进一步，由于 ϖ 接近于零，因而，

$$\left\{ \frac{\left[w_1 h^\sigma (T - \overline{l}_1) \right]^{\pi_1(h)}}{(w_3 h^\sigma l_{p3})^{\pi_3(h)}} \right\}^{1+\delta\alpha} < \left[\frac{(T - l_{p3})^{\pi_3(h)}}{\overline{l}_1^{\pi_1(h)}} \right]^\delta \left[\frac{(1+\delta\alpha)^{(1+\delta\alpha)}}{h^{\delta\beta} A_g^\delta (\delta\alpha)^{\delta\alpha}} \right]$$

因此，$\overline{U}_1 < U_3$。

但是，当工资率相差较大时，这一结论不成立。当 $\beta >$ α，假设 $h^{\delta\beta} (\delta\alpha)^{\delta\alpha} > 1$ 成立，当 A_g 比较大时，假设 $h^{\delta\beta} A_g^\delta$ $(\delta\alpha)^{\delta\alpha} \geqslant (1+\delta\alpha)^{(1+\delta\alpha)}$，即 $\dfrac{h^{\delta\beta} A_g^\delta (\delta\alpha)^{\delta\alpha}}{(1+\delta\alpha)^{(1+\delta\alpha)}} \geqslant 1$。当

$$\frac{\left[w_1 h^\sigma (T - \overline{l}_1) \right]^{\pi_1(h)}}{(w_3 h^\sigma l_{p3})^{\pi_3(h)}} > \left[\frac{(T - l_{p3})^{\pi_3(h)}}{\overline{l}_1^{\pi_1(h)}} \right]^{\frac{\delta}{1+\delta\alpha}}$$ 时一定有 $\overline{U}_1 > U_3$。

由于高中学历的务工者在本地和省外找到工作的概率比较接近，当 ϖ 充分小时，式（34）中乘积的第一项接近于

$$\left[\frac{w_1 (T - \overline{l}_1)}{w_3 l_{p_3}} \right]^{\pi_1(h)(1+\delta\alpha)}$$，而第二项接近于 $\left[\frac{\overline{l}_1}{T - l_{p3}} \right]^{\pi_1(h)\delta}$，当

$$\left(\frac{w_1 (T - \overline{l}_1)}{w_3 l_{p_3}} \right)^{1+\delta\alpha} > \left(\frac{T - l_{p3}}{\overline{l}_1} \right)^\delta$$ 时，$\left[\frac{w_1 (T - \overline{l}_1)}{w_3 l_{p_3}} \right]^{\pi_1(h)(1+\delta\alpha)} >$

$$\left[\frac{\overline{l}_1}{T - l_{p3}} \right]^{\pi_1(h)\delta}$$ 成立。近似地，$\dfrac{\left[w_1 h^\sigma (T - \overline{l}_1) \right]^{\pi_1(h)}}{(w_3 h^\sigma l_{p3})^{\pi_3(h)}} >$

$$\left[\frac{(T - l_{p3})^{\pi_3(h)}}{\overline{l}_1^{\pi_1(h)}} \right]^{\frac{\delta}{1+\delta\alpha}}$$ 也成立，因而 $\overline{U}_1 > U_3$，务工者会选择省外

务工。

考虑省内和省外就业选择问题。由式（31），得到：

$$\bar{U}_1 - \bar{U}_2 = \ln\left\{ \frac{\left[w_1 h^\sigma (T - \bar{l}_1) \right]^{\pi_1(h)(1+\delta\alpha)} \bar{l}_1^{\delta\pi_1(h)}}{\left[w_2 h^\sigma (T - \bar{l}_2) \right]^{\pi_2(h)(1+\delta\alpha)} \bar{l}_2^{\delta\pi_2(h)}} \left[\frac{h^{\delta\beta} A_g^\delta (\delta\alpha)^{\delta\alpha}}{(1 + \delta\alpha)^{1+\delta\alpha}} \right]^{\pi_1(h)-\pi_2(h)} \right\}$$

$$= \ln\left\{ \left\{ \frac{\left[w_1 h^\sigma (T - \bar{l}_1) \right]^{\pi_1(h)}}{\left[w_2 h^\sigma (T - \bar{l}_2) \right]^{\pi_2(h)}} \right\}^{1+\delta\alpha} \left(\frac{\bar{l}_1^{\pi_1(h)}}{\bar{l}_2^{\pi_2(h)}} \right)^\delta \left[\frac{h^{\delta\beta} A_g^\delta (\delta\alpha)^{\delta\alpha}}{(1 + \delta\alpha)^{1+\delta\alpha}} \right]^{\pi_1(h)-\pi_2(h)} \right\}$$

$$= \ln\left\{ \left(\frac{I_1^{\pi_1(h)}}{I_2^{\pi_2(h)}} \right)^{1+\delta\alpha} \left(\frac{\bar{l}_1^{\pi_1(h)}}{\bar{l}_2^{\pi_2(h)}} \right)^\delta \left[\frac{h^{\delta\beta} A_g^\delta (\delta\alpha)^{\delta\alpha}}{(1 + \delta\alpha)^{1+\delta\alpha}} \right]^{\pi_1(h)-\pi_2(h)} \right\} \quad (36)$$

由假设 $\beta > \alpha$，A_g 充分大时，$h^{\delta\beta} A_g^\delta (\delta\alpha)^{\delta\alpha} \geqslant (1 + \delta\alpha)^{1+\delta\alpha}$。

如同上面的讨论，当 $\left(\dfrac{T - \bar{l}_1}{T - \bar{l}_2} \right)^{1+\delta\alpha} > \left(\dfrac{\bar{l}_2}{\bar{l}_1} \right)^\delta$ 时会有 $\bar{U}_1 > \bar{U}_2$。

即务工者选择省外务工而不选择省内务工。

当 A_g 充分小时，$h^{\delta\beta} A_g^\delta (\delta\alpha)^{\delta\alpha} < (1 + \delta\alpha)^{1+\delta\alpha}$，当 $\dfrac{I_1}{I_2} <$

$\left(\dfrac{\bar{l}_2}{\bar{l}_1} \right)^{\frac{\delta}{1+\delta\alpha}}$ 时，会有 $\bar{U}_1 < \bar{U}_2$，务工者选择省内务工。

最后，考虑在本地和省内务工之间的选择。由式（29），
得到：

$$\bar{U}_2 - U_3$$

$$= \ln\left\{ \left\{ \frac{\left[w_2 h^\sigma (T - \bar{l}_2) \right]^{\pi_2(h)}}{(w_3 h^\sigma l_{p3})^{\pi_3(h)}} \right\}^{1+\delta\alpha} \left[\frac{\bar{l}_2^{\pi_2(h)}}{(T - l_{p3})^{\pi_3(h)}} \right]^\delta \right.$$

$$\left. \left[\frac{h^{\delta\beta} A_g^\delta (\delta\alpha)^{\alpha\delta}}{(1 + \delta\alpha)^{(1+\delta\alpha)}} \right]^{\pi_2(h)-\pi_3(h)} \right\}$$

$$= \ln \left\{ \left(\frac{I_2^{\pi_2(h)}}{I_3^{\pi_3(h)}} \right)^{1+\delta\alpha} \left[\frac{\overline{l}_2^{\ \pi_2(h)}}{(T-l_{p3})^{\pi_3(h)}} \right]^{\delta} \left[\frac{h^{\delta\beta} A_g^{\delta} (\delta\alpha)^{\alpha\delta}}{(1+\delta\alpha)^{(1+\delta\alpha)}} \right]^{\pi_2(h)-\pi_3(h)} \right\}$$

$$（37）$$

类似 $U_1 - \overline{U}_1$ 的分析，由 $\overline{U}_2 - U_2 < 0$ ，可得到：

$$\left[\frac{T-\overline{l}_2}{l_{p3}} \right]^{1+\delta\alpha} < \left[\frac{T-l_{p3}}{\overline{l}_2} \right]^{\delta}$$

同理，当 w_2 与 w_3 ，$\pi_2(h)$ 和 $\pi_3(h)$ 都相差不大时，有：

$$\left\{ \frac{[w_2 h^{\sigma}(T-\overline{l}_2)]^{\pi_2(h)}}{(w_3 h^{\sigma} l_{p3})^{\pi_3(h)}} \right\}^{1+\delta\alpha} < \left[\frac{(T-l_{p3})^{\pi_3(h)}}{\overline{l}_2^{\ \pi_2(h)}} \right]^{\delta}$$

由 $\pi_2(h) - \pi_3(h)$ 接近于零，因而，

$$\left\{ \frac{[w_2 h^{\sigma}(T-\overline{l}_2)]^{\pi_2(h)}}{(w_3 h^{\sigma} l_{p3})^{\pi_3(h)}} \right\}^{1+\delta\alpha} < \left[\frac{(T-l_{p3})^{\pi_3(h)}}{\overline{l}_2^{\ \pi_2(h)}} \right]^{\delta}$$

$$\left[\frac{(1+\delta\alpha)^{(1+\delta\alpha)}}{h^{\delta\beta} A_g^{\delta} (\delta\alpha)^{\delta\alpha}} \right]^{\pi_2(h)-\pi_3(h)}$$

即：

$$\left(\frac{I_1^{\pi_1(h)}}{I_2^{\pi_2(h)}} \right)^{1+\delta\alpha} \left(\frac{\overline{l}_1^{\ \pi_1(h)}}{\overline{l}_2^{\ \pi_2(h)}} \right)^{\delta} \left[\frac{h^{\delta\beta} A_g^{\delta} (\delta\alpha)^{\delta\alpha}}{(1+\delta\alpha)^{1+\delta\alpha}} \right]^{\pi_1(h)-\pi_2(h)} < 1$$

因此，$\overline{U}_2 < U_3$ 。由以上分析综合得到，当两地的工资率相近，找到工作的概率也相近时，在本地务工是最佳选择。当务工者通过正式网络或社会网络找到工资率相近的工作时，他会选择本地务工。

同样，当工资收入对数期望相差较大，且 $h^{\delta\beta}A_g^{\delta}(\delta\alpha)^{\delta\alpha}$ $\geqslant (1+\delta\alpha)^{(1+\delta\alpha)}$ 时，式（37）中乘积的第3个因子大于1。

当 $\left\{\dfrac{w_2(T-\bar{l}_2)}{(w_3 l_{p3})}\right\}^{1+\delta\alpha} > \left[\dfrac{T-l_{p3}}{\bar{l}_2}\right]^{\delta}$ 时，会有

$\left\{\dfrac{[w_2 h^{\sigma}(T-\bar{l}_2)]^{\pi_2(h)}}{(w_3 h^{\sigma} l_{p3})^{\pi_3(h)}}\right\}^{1+\delta\alpha} > \left[\dfrac{(T-l_{p3})^{\pi_3(h)}}{\bar{l}_2^{\pi_2(h)}}\right]^{\delta}$ ，因而，$\left(\dfrac{I_2^{\pi_2(h)}}{I_3^{\pi_3(h)}}\right)^{1+\delta\alpha}$

$\left[\dfrac{\bar{l}_2^{\pi_2(h)}}{(T-l_{p3})^{\pi_3(h)}}\right]^{\delta} > 1$ 。由于 $\left[\dfrac{h^{\delta\beta}A_g^{\delta}(\delta\alpha)^{\alpha\delta}}{(1+\delta\alpha)^{(1+\delta\alpha)}}\right]^{\pi_2(h)-\pi_3(h)} \geqslant 1$ ，因此，

$\left(\dfrac{I_2^{\pi_2(h)}}{I_3^{\pi_3(h)}}\right)^{1+\delta\alpha} \left[\dfrac{\bar{l}_2^{\pi_2(h)}}{(T-l_{p3})^{\pi_3(h)}}\right]^{\delta} \left[\dfrac{h^{\delta\beta}A_g^{\delta}(\delta\alpha)^{\alpha\delta}}{(1+\delta\alpha)^{(1+\delta\alpha)}}\right]^{\pi_2(h)-\pi_3(h)} > 1$ 。所以

$\bar{U}_2 > U_3$ 。

由前所述，收入对数期望比大是因为：①当人力资本较高时，两地的工资收入对数期望比中的因子 $h^{\sigma[\pi_1(h)-\pi_3(h)]}$ ，当 σ 很大时，即使 $\pi_1(h)-\pi_2(h)$ 很小，也会比较大。②对于不同的工作，工资收入关于人力资本的弹性不同，虽然模型中为了简化，使用统一的 σ ，但在省内和省会比本地有很多工种可供选择，由于各类工作对于人力资本的重视度不同，因而收入对于人力资本的弹性也不同。在省会可以找到比本地更适合高中程度学历、收入弹性更高的工作，因而，两地的收入对数期望比中，σ 也不同，省会务工的 σ 要大于本地的收入弹性。这样，两地的收入对数期望比会比较大。

综合以上分析，我们得到以下关于高中学历的务工者的

务工空间选择。当工资差别较小，找到工作的概率都相似时，务工者在三者之间会选择本地务工。而当工资差别很大，$h^{\delta\beta}A_g^{\delta}(\delta\alpha)^{\delta\alpha}\geq(1+\delta\alpha)^{(1+\delta\alpha)}$，且 $\left\{\dfrac{w_2(T-\bar{l}_2)}{(w_3l_{p3})}\right\}^{1+\delta\alpha}>$

$\left[\dfrac{T-l_{p3}}{\bar{l}_2}\right]^{\delta}$ 时，在本地和省内选择时，务工者选择省内。当

$\left\{\dfrac{w_1(T-\bar{l}_1)}{w_3(T-\bar{l}_2)}\right\}^{1+\delta\alpha}>\left(\dfrac{\bar{l}_2}{\bar{l}_1}\right)^{\delta}$ 时，在省外与省内选择时，务工

者选择省外。当两个不等式同时成立时，务工者选择省外。

而当 A_g 比较小，但 δ 比较大时，$h^{\delta\beta}A_g^{\delta}(\delta\alpha)^{\delta\alpha}\leq$

$(1+\delta\alpha)^{(1+\delta\alpha)}$ 成立。当 $\left\{\dfrac{[w_1h^{\sigma}(T-\bar{l}_1)]^{\pi_1(h)}}{[w_3h^{\sigma}(T-\bar{l}_2)]^{\pi_2(h)}}\right\}^{1+\delta\alpha}<$

$\left[\dfrac{\bar{l}_2^{\pi_1(h)}}{\bar{l}_1^{\pi_2(h)}}\right]^{\delta}\left[\dfrac{(1+\delta\alpha)^{(1+\delta\alpha)}}{h^{\delta\beta}A_g^{\delta}(\delta\alpha)^{\delta\alpha}}\right]^{\pi_2(h)-\pi_3(h)}$ 时，在省外与省内做选择

时，务工者会选择省内。当 $\left\{\dfrac{w_2(T-\bar{l}_2)}{(w_3l_{p3})}\right\}^{1+\delta\alpha}>\left[\dfrac{T-l_{p3}}{\bar{l}_2}\right]^{\delta}$ 时，

在省内与本地，务工者会选择省内。当两个不等式同时成立时，务工者会综合选择省内务工。

从以上的分析中可以看到，高中学历的务工者由于在非农就业的农村劳动力中有较高的学历，具备了在就业市场上的竞争力。因而，在三类就业空间中找到合适工作的概率比较高，在工资收入差别不是很大时，他们会选择在本地就业；而低人力资本的人群，他们在本地找不到相适应的工

作，只能去省外工作。因而，高中学历的人群在省外务工的比例会较初中及以下学历的人群的比例小。在工资收入差别很高，且孩子的基因、环境影响因子较大时，他们在省外或省内就业。因而，他们在省内就业的比例会比初中及以下学历人群的比例大。

3. 大学及以上学历者的就业空间选择

大学及以上学历群体与高中及以下学历的人群不同，该群体中相当的比重从事技术性工作，如公司白领、教师或医生等工作，收入相对较高，因此该群体有能力让孩子与他们一起生活。对该群体而言，务工地点的选择更多的是考虑个人的发展、收入以及务工地点对子女的影响等因素（模型中只考虑这一类人群的代表，而不考虑个别具体的个人）。对他们来说，三种工作地点的选择都可以使效用达到最大。但是务工地点的不同会导致孩子的生活与学习环境不同，我们把这种不同化为孩子人力资本生成中环境影响因素的不同。把式（5）中的 A_g 按务工地点的类别 i 和类别 j 而分别记为 A_g^i 与 A_g^j，$A_g^i \neq A_g^j$。因而，两类地点效用的差为：

$$
\begin{aligned}
&U_i - U_j \\
&= \pi_i(h)\{(1+\delta\alpha)\ln w_i + [(1+\delta\alpha)\sigma + \delta\beta]\ln h \\
&\quad + (1+\delta\alpha+\delta)\ln T - (1+\delta\alpha+\delta)\ln(1+\delta\alpha+\delta) \\
&\quad + \delta\ln A_g^i + \delta(1+\alpha)\ln\delta + \delta\alpha\ln\alpha\} - \pi_j(h)\{(1+\delta\alpha)\ln w_j \\
&\quad + [(1+\delta\alpha)\sigma + \delta\beta]\ln h + (1+\delta\alpha+\delta)\ln T \\
&\quad - (1+\delta\alpha+\delta)\ln(1+\delta\alpha+\delta) + \delta\ln A_g^j + \delta(1+\alpha)\ln\delta + \delta\alpha\ln\alpha\} \\
&= (1+\delta\alpha)[\pi_i(h)\ln w_i - \pi_j(h)\ln w_j] + [\pi_i(h) - \pi_i(h)]
\end{aligned}
$$

$$\{[(1 + \delta\alpha)\sigma + \delta\beta]\ln h + (1 + \delta\alpha + \delta)\ln T - (1 + \delta\alpha + \delta)$$
$$\ln(1 + \delta\alpha + \delta) + \delta(1 + \alpha)\ln\delta + \delta\alpha\ln\alpha\} + \delta[\pi_i(h)\ln A_g^i$$
$$- \pi_j(h)\ln A_g^j]$$

$$= [\pi_i(h) - \pi_j(h)]\ln\left\{\frac{h^{[(1+\delta\alpha)\sigma+\delta\beta]}T^{1+\delta\alpha+\delta}\delta^\delta(\delta\alpha)^{\delta\alpha}}{(1+\delta\alpha+\delta)^{1+\delta\alpha+\delta}}\right\}$$
$$+ (1 + \delta\alpha)[\pi_i(h)\ln w_i - \pi_j(h)\ln w_j] + \delta[\pi_i(h)\ln A_g^i$$
$$- \pi_j(h)\ln A_g^j]$$

$$= [\pi_i(h) - \pi_j(h)]\ln\left[\frac{h^{[(1+\delta\alpha)\sigma+\delta\beta]}T^{1+\delta\alpha+\delta}\delta^\delta(\delta\alpha)^{\delta\alpha}}{(1+\delta\alpha+\delta)^{1+\delta\alpha+\delta}}\right]$$
$$+ \ln\left\{\left(\frac{w_i^{\pi_i(h)}}{w_j^{\pi_j(h)}}\right)^{1+\delta\alpha}\left[\frac{(A_g^i)^{\pi_i(h)}}{(A_g^j)^{\pi_j(h)}}\right]^\delta\right\}$$

$$= \ln\left\{\left[\frac{h^{[(1+\delta\alpha)\sigma+\delta\beta]}T^{1+\delta\alpha+\delta}\delta^\delta(\delta\alpha)^{\delta\alpha}}{(1+\delta\alpha+\delta)^{1+\delta\alpha+\delta}}\right]^{[\pi_i(h)-\pi_j(h)]}\right.$$
$$\left.\left\{\left(\frac{w_i^{\pi_i(h)}}{w_j^{\pi_j(h)}}\right)^{1+\delta\alpha}\left[\frac{(A_g^i)^{\pi_i(h)}}{(A_g^j)^{\pi_j(h)}}\right]^\delta\right\}\right\} \tag{38}$$

$$当\quad \frac{w_i^{\pi_i(h)}}{w_j^{\pi_j(h)}} < \left[\frac{(A_g^j)^{\pi_j(h)}}{(A_g^i)^{\pi_i(h)}}\right]^{\frac{\delta}{1+\delta\alpha}}\left[\frac{h^{[(1+\delta\alpha)\sigma+\delta\beta]}T^{1+\delta\alpha+\delta}\delta^\delta(\delta\alpha)^{\delta\alpha}}{(1+\delta\alpha+\delta)^{1+\delta\alpha+\delta}}\right]^{\frac{\pi_j(h)-\pi_i(h)}{1+\delta\alpha}}$$

时，$U_j > U_i$，务工者选择去 j 类地区务工。当 $\frac{w_i^{\pi_i(h)}}{w_j^{\pi_j(h)}} >$

$\left[\frac{(A_g^j)^{\pi_j(h)}}{(A_g^i)^{\pi_i(h)}}\right]^{\frac{\delta}{1+\delta\alpha}}\left[\frac{h^{[(1+\delta\alpha)\sigma+\delta\beta]}T^{1+\delta\alpha+\delta}\delta^\delta(\delta\alpha)^{\delta\alpha}}{(1+\delta\alpha+\delta)^{1+\delta\alpha+\delta}}\right]^{\frac{\pi_j(h)-\pi_i(h)}{1+\delta\alpha}}$ 时，$U_i > U_j$，

务工者选择去 i 类地区务工。注意，选择的依据与两地的工资收入差距、两地的环境因素差异、找到工作的概率及人力资本水平相关。

注意，大学及以上学历人群找到工作的概率与高中及以下人群不同，不一定有 $\pi_1(h) > \pi_2(h) > \pi_3(h)$ 的关系。他们找到工作的概率与他们所学的专业、学历、毕业的学校有

关。由于在省会竞争会小于大都市，因而找到适合自己工作的概率会大于省外的大都市。

当两地的务工者找到工作的概率相等时，即 $\pi_i(h) = \pi_j(h)$，可以简化上面的计算，得到：

$$
\begin{aligned}
U_i - &U_j \\
&= \pi_i(h)(1 + \delta\alpha)(\ln w_i - \ln w_j) + \pi_i(h)\delta(\ln A_g^i - \ln A_g^j) \\
&= \pi_i(h)(1 + \delta\alpha)\ln\left(\frac{w_i}{w_j}\right) + \pi_i(h)\delta\ln\left(\frac{A_g^i}{A_g^j}\right) \\
&= \pi_i(h)\left[\ln\left(\frac{w_i}{w_j}\right)^{1+\delta\alpha} + \ln\left(\frac{A_g^i}{A_g^j}\right)^{\delta}\right] \\
&= \pi_i(h)\ln\left[\left(\frac{w_i}{w_j}\right)^{1+\delta\alpha}\left(\frac{A_g^i}{A_g^j}\right)^{\delta}\right]
\end{aligned}
$$

当 $\left(\dfrac{w_i}{w_j}\right) > \left(\dfrac{A_g^j}{A_g^i}\right)^{\frac{\delta}{1+\delta\alpha}}$ 时，$U_i > U_j$；当 $\left(\dfrac{w_i}{w_j}\right) < \left(\dfrac{A_g^j}{A_g^i}\right)^{\frac{\delta}{1+\delta\alpha}}$ 时，$U_i < U_j$；当 $\left(\dfrac{w_i}{w_j}\right) = \left(\dfrac{A_g^j}{A_g^i}\right)^{\frac{\delta}{1+\delta\alpha}}$ 时，$U_i = U_j$。

可以看到，这种情况下就业地点的选择就仅与孩子的生活环境和工资相关。如果更加重视孩子的教育，δ 就会比较大，务工者对地点的选择就注重孩子的生活与学习环境，当 δ 比较小时，务工者更注重工资收入。

四　本章小结

经济欠发达区域（省份）由于经济规模相对于人口规模有限，区域（省份）内的就业岗位无法满足本区域（省份）

劳动力非农就业的全部需求，致使该区域存在相当规模的农村劳动力不得不跨省务工。本章针对经济欠发达区域（省份）农村劳动力非农就业的特征，构建了农村劳动就业空间选择与代际影响的理论模型，对劳动力在三类空间选择的机制做了理论分析。此外，本章针对不同学历人员的个体差异，从不同空间的就业机会、务工收入、务工空间选择对子女陪伴时间的影响等方面，讨论了不同务工群体对三类就业空间选择的偏好以及可能对子女教育产生的代际流动影响。具体结论如下。

首先，低学历务工群体更易被挤出本地和省内，特别是省内就业市场，为了谋得工作机会不得不远赴省外就业。由于经济欠发达区域（省份）经济规模相对于人口规模有限、区域内较少的非农就业岗位会面临更为激烈的竞争，反而使欠发达区域的各级城市较省外发达地区对流入的农村劳动力有更高的人力资本要求。因此，如果欠发达省份农村劳动力以低学历务工者为主，那么其就业空间结构容易出现"哑铃"形的就业空间特征。即由于省内就业市场有较高的门槛，低学历群体为获得就业机会或提高务工收入要么选择省外就业，要么留在距离家庭较近，便于照顾孩子和家庭的空间，以打零工的方式就业。毕竟，稳定的务工岗位虽不易获取，但本地季节性的用工需求可以满足务工者以打零工的方式就业。当然，该结论需要做相应的经验检验：随着受教育年限的增加，务工者省外务工的概率将下降，省内务工的概率将提高。本书将在第四章做相应的经验检验；如果该结论成立，那么从欠发达省份长期发展的角度看，"喜"的一点是此类省份人力资本外流的情况并不严重，"忧"的一点是跨省流动的人群很难在省外真正落脚生根，长期看回乡返流的情况可能会比较严重。

其次，在学习、生活环境、父母人力资本以及父母收入等因素都相同的条件下，父母在本地务工时，其子代的教育水平向上流动的概率高于那些在省内务工者的子代教育水平向上流动的概率；在省内务工者子代教育水平向上流动的概率高于省外务工者子代教育水平向上流动的概率。理论上虽然存在省外务工的父母因能获得比本地更高的收入，进而可以通过对子女教育物质投入的增加，弥补因无法陪伴子女成长对子代教育产生的负向影响，但该补偿正如式（25）和式（26）的对比分析，只有足够高的物质补偿才可以弥补时间陪伴的缺失所带来的负向影响。基于本书的调查数据以及各类公开资料显示的农民工收入，本研究认为农村劳动力难以通过收入的提升抵消因远距离务工对子代教育的负面影响。当然，该结论是否成立依然需要做严格的经验检验，笔者将在第五章完成该工作。

最后，父母远距离务工对子代教育代际流动的负向影响，可能会进一步产生对子代职业地位代际流动的负向影响。虽然本章构建的模型没有对职业地位的代际流动做出理论上的分析，但农民工群体的子女是很难通过其父母的社会资本实现其社会职级的提升的，往往只能通过自身教育水平的提高获得更高的职业地位。同样该推论是否成立，也需要严格的经验检验，笔者将在第六章完成该工作。

第四章 农村劳动力非农就业空间选择
及其影响因素研究

　　由上一章理论模型可知，由于欠发达地区的就业资源有限，以低学历为主的农村劳动力更容易被挤出本省而远赴省外就业，这造成了农村劳动力就业空间结构呈现近距离的便于照顾家庭的本地或本县就业和远距离的就业机会充足的省外就业的"哑铃"形特征。理论模型得到的农村劳动力非农就业空间选择特征是否成立还需要借助于劳动力流动数据进行验证，但数据本身的局限导致目前对农村劳动力非农就业空间选择到底如何还存在一定的争议：一方面，比较权威的人口普查数据中涉及人口流动空间的划分，但其并没有基于城镇体系的角度来划分，也没有办法区分出农村流动人口，这使本研究关注的农村劳动力流动的空间选择缺少比较权威和令人信服的数据；另一方面，正如在文献综述中提到的那样，现有对农村劳动力非农就业空间选择的研究主要是基于微观调研数据来展开的，但由于微观调查样本选择的局限性，现有的研究结论并不使人满意。但幸运的是，20世纪90年代以来，河南大学应用经济学学科就形成了农区工业化与经济社会转型的研究传统，并从2017年启动了"百县千村"入户调查之"整村调查"项目。本章数据以此为基础有助于从全新的视角验证理论模型的推论是否成立。除此之外，本章还试图通过Mlogit以及似不相关双变量Probit回归对农村劳动力非农就业空间选择的影响因素进行严格的计量研究，为代际效应这一核心问题的深入研究奠定基础。

一　数据来源及样本概况

（一）数据来源说明及样本地点分布

样本数据来自河南大学经济学院、中原发展研究院联合组织的"百县千村"入户调查之"整村调查"项目。该项目从2017年开始，至今完成3轮调查，拥有2017年、2018年和2019年3年的微观样本。调查项目在实际组织过程中由河南大学经济学科具有丰富乡村调研经验的老师带队，同时吸引了硕士、博士研究生和本科生广泛参与，是研究河南省农村居民社会变迁的权威数据库。

该调查问卷共分为村情、户情、个人三级，调查形式采取入户、一对一访谈或电话等形式进行。其中村情问卷数据由调研人员与主要村干部交谈获得，户情和个人问卷则在家庭总人口中随机抽取具备回答能力的人员来作答，如果该调查对象长期在外则由调研人员采用电话等形式取得直接联系。

对于调研村庄的选择上，每年均采取随机分层抽样的方法确定，最终三年的调研地点涵盖了河南省 18 个省辖市的 54 个村庄，且较好地兼顾了调研村庄的地形、区位以及经济基础等因素（见表 4 - 1），具有广泛的代表性和针对性。从地形来看，平原村庄有 41 个，非平原村庄有 13 个。从区位①来看，近县城的村庄有 38 个，远县城的村庄有 16 个。从经济基础来看，无企业的村庄有 34 个，有企业的村庄有 20 个。

表 4 - 1 样本村庄概况

单位：个，%

地形	村庄个数	比重	区位	村庄个数	比重	经济基础	村庄个数	比重
平原	41	75.93	近县城	38	70.37	无企业	34	62.96
非平原	13	24.07	远县城	16	29.63	有企业	20	37.04

---

① 去城镇寻找更好的生产与生活条件是农村劳动力向外流动的初衷，在农村劳动力非农就业空间选择中，本县县城对辖区内村庄的辐射效应是最直接的，因此村庄与本县县城的区位关系对农村劳动力外出行为必然会产生重要影响。本章按照村庄到县城主要的交通方式所决定的通勤时间来划分村庄的区位，如果通勤时间不超过 0.5 小时则该村庄的区位为近县城，反之村庄区位则被视为远县城。

　　"百县千村"入户调查之"整村调查"项目数据个体样本是全口径的农村人口，包含了老年人口、学龄前人口、正在上学人口、从事农业生产人口、无业人员以及非农就业人员等，三年样本共计 43062 个。很显然，非农就业人员是本研究关注的对象，因此笔者从数据库中筛选出年龄在 15～64 岁[①]的非农就业劳动力样本共 12114 个。调研村庄详情及非农劳动力数量具体如表 4－2 所示。

表 4－2　调研村庄及非农劳动力数量情况

单位：个

省辖市	县市区	乡镇街道	村	样本数	省辖市	县市区	乡镇街道	村	样本数
郑州市	新密市	平陌镇	大坡村	237	焦作市	武陟县	木栾新区	小岩村	148
	巩义市	站街镇	巴沟村	194		中站区	府城街道	小尚村	101
	新郑市	新村镇	水泉村	276	许昌市	襄城县	丁营乡	小集村	245
开封市	尉氏县	岗李乡	老庄师村	183		襄城县	丁营乡	半坡店村	123
	通许县	冯庄乡	陈庄村	121		鄢陵县	陈化店镇	西明义村	233
	祥符区	西姜寨乡	白庄村	110		长葛市	石固镇	花园村	374
	杞县	官庄乡	李庄村	316		鄢陵县	望田乡	袁家村	263
洛阳市	新安县	五头镇	北沟村	132	漯河市	临颍县	杜曲镇	刘庄村	193
	嵩县	黄庄乡	三合村	206		舞阳县	舞泉镇	南坛村	320
	孟津县	横水镇	文公村	237	濮阳市	台前县	侯庙镇	徐沙沃村	124
平顶山市	汝州市	寄料镇	平王宋	78		范县	张庄乡	孔庄村	196
	湛河区	曹镇乡	彭庄村	327	南阳市	社旗县	城关镇	周庄村	193
	石龙区	高庄街道	张庄村	305		内乡县	湍东镇	龙园村	287

---

　　① 《中国统计年鉴》人口分年龄数据中将 15～64 岁界定为劳动年龄人口，本书以此为标准将不符合的样本剔除。

续表

省辖市	县市区	乡镇街道	村	样本数	省辖市	县市区	乡镇街道	村	样本数
安阳市	安阳县	白壁镇	晋小屯村	270	商丘市	夏邑县	太平乡	瓦房庄村	62
	内黄县	楚旺镇	王庄村	149		宁陵县	乔楼乡	贾楼村	153
	滑县	八里营乡	齐继村	248		睢县	胡堂乡	秦庙村	310
	滑县	牛屯镇	东杨庄村	150		柘城县	惠济乡	王元庄村	343
	滑县	老店镇	王会村	222	信阳市	固始县	南大桥乡	安埠村	290
	滑县	留固镇	东庄营村	230		固始县	柳树店乡	八里村	422
鹤壁市	浚县	新镇	和庄村	239	周口市	太康县	五里口乡	包庄村	162
	浚县	屯子镇	郭厂村	233		沈丘县	石槽集乡	大李营村	279
新乡市	获嘉县	位庄乡	中渔池村	276		淮阳县	王店乡	李集村	98
	原阳县	蒋庄乡	靳屋村	286		郸城县	汲冢镇	万楼村	245
	长垣县	南蒲街道	甄庄村	176	驻马店市	汝南县	梁祝镇	李老庄村	373
三门峡市	渑池县	坡头乡	韩家坑村	118		上蔡县	芦岗乡	刘楼村	297
	渑池县	坡头乡	泰山村	96		西平县	专探乡	朱湖村	255
	义马市	东区街道	程村	168	济源市	济源市	克井镇	西许村	442

注：地点名称涉及县改市（区）等行政区划调整均以调研时名称为准。

（二）样本特征

在筛选出本研究所需样本后，本部分进一步从性别、年龄、受教育程度、工作行业、就业渠道来源以及年工资收入水平共六个方面对农村非农劳动力的特征进行概述。需要说明的是，农村劳动力非农就业空间按照大类可以划分为本地就业和外出就业[①]两种类型，而外出就业的城镇化意义更加

[①] 外出就业中的"外出"指的是农村劳动力离开本乡镇到本乡镇以外的就业地点连续务工6个月及以上的情形，这种划分与人口普查数据中"人口流动"的口径是一致的，相应地，本地就业指的是就业地点在本乡镇内的情形。

显著。为了直观地反映两类劳动力群体特征的差异，本部分按照本地就业和外出就业分类对农村劳动力特征进行对比分析，具体如表4-3所示。

表4-3　农村非农劳动力概况

单位：人，%

指标	分类	本地就业		外出就业	
		人数	比重	人数	比重
性别	男	1534	66.58	6534	66.61
	女	770	33.42	3276	33.39
年龄	15~30岁	401	17.40	3242	33.05
	31~40岁	620	26.91	3180	32.42
	41~50岁	694	30.12	2327	23.72
	51~64岁	589	25.56	1061	10.82
受教育程度	小学及以下	585	25.50	1541	15.81
	初中	1306	56.93	5711	58.60
	高中	273	11.90	1149	11.79
	大专及以上	130	5.67	1344	13.79
工作行业	采掘业	44	1.91	113	1.15
	制造业	403	17.49	2187	22.29
	建筑装修	413	17.93	2133	21.74
	运输	88	3.82	542	5.52
	行政事业与教育医疗	218	9.46	745	7.59
	金融与商务服务	110	4.77	1102	11.23
	其他	1028	44.62	2988	30.46
就业渠道来源	自行外出	1130	73.04	6122	67.80
	经人介绍	303	19.59	2327	25.77
	单位招聘	57	3.68	461	5.11
	创业	57	3.68	120	1.33

续表

指标	分类	本地就业		外出就业	
		人数	比重	人数	比重
年工资 收入水平	3 万元以下	1573	75.01	4702	51.86
	3 万~6 万元	446	21.27	3670	40.48
	6 万元及以上	78	3.72	694	7.65

注：①受教育程度中本地就业和外出就业分别缺失 10 个、65 个样本；就业渠道来源中本地就业和外出就业分别缺失 757 个、780 个样本；年工资收入水平中本地就业和外出就业分别缺失 207 个、744 个样本；②本章涉及的组距分组时均按照"上组限不在内"原则处理。

性别特征。农村非农劳动力无论是在本地就业还是外出就业，性别结构差别不大，均呈现以男性为主的显著特征，男性外出就业人数几乎是女性的 2 倍。

年龄特征。为了更清晰直观地体现农村非农劳动力的年龄差异，本研究把年龄结构划分为 15~30 岁、31~40 岁、41~50 岁以及 51~64 岁四组。从表 4-3 可以看出，相较于本地就业劳动力而言，外出就业劳动力呈现明显的年轻化特征。具体来看，本地就业劳动力的年龄主要集中在 41~50 岁，占比达到 30.12%，而其他年龄段中，15~30 岁年龄段的劳动力占比最小，只有 17.40%。而外出就业劳动力主要集中在劳动能力比较强的 15~30 岁和 31~40 岁两个年龄段，两者占比分别为 33.05%、32.42%，合计占比高达 65.47%，而 41~50 岁、51~64 岁两个较大年龄段的外出就业人员占比分别只有 23.72%、10.82%。

受教育程度特征。本研究按照学历层次由低到高的顺序把受教育程度依次划分为小学及以下、初中、高中（含中专，下同）、大专及以上共四个类别，总体来看，本地就业和外出就业劳动力群体的学历结构均是以初中为主，两者初中学历人数所占比重分别为 56.93% 和 58.60%。另外，初中和高中学历人数占比在本地就业和外出就业之间差异不大，但外出就业群体两端的学历结构更优。从表4-3 可以看出，外出就业群体中大专及以上的比重明显要高于本地就业，而小学及以下的比重又大大低于本地就业。

工作行业特征。本研究把工作行业划分为采掘业、制造业、建筑装修、运输、行政事业与教育医疗、金融与商务服务以及低技能的其他①共七大类别。本地就业和外出就业中从事低技能的其他行业的劳动力人数占比均最大，两者占比分别为 44.62% 和 30.46%，这不仅反映了农村劳动力非农就业行业层次普遍偏低的事实，也说明了外出就业的行业层次明显要高于本地就业。除此之外，本地就业和外出就业的劳动力也都大量流向了制造业和建筑装修两个劳动密集型行业，且外出就业劳动力从事制造业和建筑装修的比重均要高于本地就业。另外，外出就业劳动力从事金融与商务服务的比重为 11.23%，远远大于本地就业的4.77%。而从事行政事业与教育医疗以及运输两个行业的

---

① 为了表述方便，本部分把调研问卷中低技能的行业如旅游餐饮、生活服务、零工、副业等类别统一合并成"其他"。

劳动力占比均较低，且在本地就业与外地就业之间的差异并不大。

就业渠道来源特征。本研究把就业渠道划分为自行外出、经人介绍、单位招聘和创业四类，从表4-3可以看出，自行外出就业人数所占比重无论是在本地就业还是外出就业中都是一家独大，两者占比分别高达73.04%和67.80%，且本地就业劳动力依靠自行外出的比重要高于外出就业。但由于农村劳动力的学历结构以初中为主，因此其所拥有的社会关系网络对其从事非农就业尤其是外出就业的影响就显得特别重要，而经人介绍这一就业渠道体现的就是社会关系网络对其就业空间的影响。从数据来看，经人介绍的劳动力在本地就业和外出就业的比重分别为19.59%和25.77%，也就是说外出就业劳动力依靠经人介绍获取就业机会的可能性明显较大。此外，单位招聘和创业这两个就业渠道在本地就业和外出就业中所占比重均较低，单位招聘在外出就业群体中更明显，而创业更倾向于在本地。

年工资收入水平特征。本章把年工资收入水平划分为3万元以下、3万~6万元以及6万元及以上三个区间，分别代表了低、中、高收入群体。从表4-3可以看出，无论是本地就业还是外出就业，劳动者的年工资收入水平均是以低收入为主，且该特征在本地就业群体中更加明显。具体来看，本地就业劳动力年工资收入水平在3万元以下的比重高达 75.01%，而相应的年工资收入水平为 3 万～6 万元以及 6 万元及以上的比重分别只有 21.27% 和 3.72%。相较于本地就业而言，外出就业群体的年工资收入水平在 3 万元以下的比重虽也超过了半数但已经大大降低到了 51.86%，相应的较高收入的 3 万～6 万元和 6 万元及以上的比重则都大幅度上升，两者占比分别上升到了 40.48%、7.65%。

二　农村劳动力非农就业空间选择特征

（一）农村劳动力非农就业空间选择的总体特征

本研究把农村劳动力非农就业空间类型划分为本地（含本乡镇和本村）、本县（除本地）、本市（除本县）、郑州、本省（除本市和郑州）以及省外（含国外）六个大类，这样一种划分既做到了在空间上全覆盖，又能突出重要的就业空间的特征。在此基础上，本研究把调查问卷中涉及非农就业空间类型①整合为以上六大类别，各就业空间人数及其相应比重如表 4-4 所示。

---

① 调研问卷对非农就业空间类型的划分非常详细，具体包括本村、本乡镇、本县其他乡镇、本县县城、本市其他乡镇、本市其他县城、本市市区、郑州市区、郑州县区、省内其他地级市下辖乡镇、省内其他地级市下辖县区、本省其他地级市区、外省乡镇、外省县城、外省一般地级市、外省省会城市、京津冀、长三角、珠三角、国外共 20 个就业地点。

表4-4　农村劳动力非农就业空间选择特征

单位：人，%

就业空间	本地	外出	外出就业空间选择特征				
			本县	本市	郑州	本省	省外
人数	2304	9810	2014	1651	1475	677	3993
比重	19.02	80.98	20.53	16.83	15.04	6.90	40.70

由表4-4可以看出，本地就业人员样本2304个，外出就业人员样本9810个，两者占比分别为19.02%和80.98%，外出就业人员数是本地就业的4.26倍，即农村劳动力主要是以外出就业为主。从外出就业空间来看，随着就业空间由内向外的不断拓展，河南省农村劳动力外出就业空间分布呈现两端多、中减少的"哑铃"形特征，这与高更和等（2012）的研究结论相同。① 其中，距离②最远的省外就业的人数占比高达40.70%，而最近的本县占比也达到了20.53%。除本县之外，本市和郑州对农村劳动力的吸纳能力大体相似，两者占比分别为16.83%和15.04%。而本省这一就业空间的占比

① 本研究的"哑铃"形特征与高更和等（2012）的"U"形特征差异很大。虽然在省内就业空间上的划分两者有区别，但是两者对省外这一就业空间的划分是一致的。通过对比两者的研究发现，高更和等（2012）的研究结论中流向省外的比重高达63.58%，而本研究得到的结论只有40.70%，两者流向省外的比重相差22.88个百分点。受此影响，本研究在省内各就业空间上的比重较高更和等（2012）的研究结论要低。从数据来源来看，不论是调查样本村庄数量还是调查样本个体数量，本研究的覆盖面都远远大于高更和等（2012），因此本研究得到的"哑铃"形特征可能更接近农村劳动力外出就业空间选择的真实情况。

② 此处的距离并非完全意义上的物理距离，而是以本村为基础的行政区划意义上的距离。按照本章对外出就业空间类型的划分，以本村为基础行政区划距离关系由近及远依次为本县、本市、郑州、本省、省外，本章余下部分出现的距离不加特别说明均是如此。

是最低的，只有 6.90%，这表明从流出地村庄的角度来看，本省这一就业空间对农村劳动力的吸纳能力并不突出。

（二）个人因素与农村劳动力非农就业空间选择特征

农村劳动力非农就业空间选择的形成是由无数个个体共同作用的结果，而单个劳动者流入哪一层级的就业空间首先是建立在个人因素基础之上。

1. 按性别分组的农村劳动力非农就业空间选择特征

从表 4-5 可以看出，男性和女性在是否外出就业的选择上基本无差异，选择外出的比重均远远大于本地。从外出就业空间选择来看，按性别分组的外出就业空间选择均呈现和总体特征一致的"哑铃"形特征，但在就业空间距离远近上存在性别差异。相较于女性就业空间选择而言，男性在本县、本市和郑州三个省内就业空间上所占比重低于女性，但随着距离越远差距越小。而在本省和省外两个远距离的就业空间上所占比重男性又高于女性，且随着距离越远男性的优势越突出。也就是说，相较于女性而言，男性更偏向于远距离就业。

表 4-5　农村劳动力分性别的非农就业空间选择特征

单位：%

性别	本地	外出	外出就业空间选择特征				
			本县	本市	郑州	本省	省外
男	19.01	80.99	19.61	16.28	14.98	7.16	41.97
女	19.03	80.97	22.37	17.92	15.14	6.38	38.19

2. 按年龄分组的农村劳动力非农就业空间选择特征

年龄对农村劳动力外出就业空间的影响也是显而易见的，一般来说年龄越小越倾向于在更高层次、更远距离的空间就业，而年龄较大者更倾向于在离家较近的空间就业，这样一种特征在本研究所选样本中同样存在。从表4-6可以看出，随着年龄的不断增长，本地就业的人数占该年龄阶段的比重在不断上升，而相应的外出就业的比重则在不断下降。从外出就业空间选择来看该特征也明显存在，随着年龄的不断增长，流入本县、本市的农村劳动力占该年龄阶段的比重呈现越来越高的特征，两者分别从15~30岁阶段的16.66%、15.36%上升到51~64岁年龄段的25.64%、22.71%。与此形成鲜明对比的是，随着年龄的不断增长，流入郑州和省外的人数占该年龄阶段的比重总体上呈下降趋势，两者分别从15~30岁阶段的18.63%、43.80%下降到51~64岁年龄段的11.22%和32.80%。

表4-6　农村劳动力分年龄阶段的非农就业空间选择特征

单位：%

年龄阶段	本地	外出	外出就业空间选择特征				
			本县	本市	郑州	本省	省外
15~30岁	11.01	88.99	16.66	15.36	18.63	5.55	43.80
31~40岁	16.32	83.68	19.34	15.38	15.72	7.26	42.30
41~50岁	22.97	77.03	25.23	18.18	10.83	7.95	37.82
51~64岁	35.70	64.30	25.64	22.71	11.22	7.63	32.80

3. 按受教育程度分组的农村劳动力非农就业空间特征

农村劳动力的教育水平是其人力资本最直接的体现，受教育程度的高低与外出就业能力的大小有着密切关系，一般来说受教育程度越高越有利于其外出就业。从表4-7可以看出，随着受教育程度的不断提高，本地就业和外出就业人数占比总体上呈现此消彼长的关系，本地就业人数占比从小学及以下的27.52%下降到大专及以上的8.82%，而相应的外出就业人数占比则从小学及以下的72.48%上升到大专及以上的91.18%。

表4-7 农村劳动力按受教育程度分的非农就业空间选择特征

单位：%

受教育程度	本地	外出	外出就业空间选择特征				
			本县	本市	郑州	本省	省外
小学及以下	27.52	72.48	16.74	13.50	12.78	6.55	50.42
初 中	18.61	81.39	21.38	16.21	13.48	6.93	41.99
高 中	19.20	80.80	25.41	20.37	14.71	6.35	33.16
大专及以上	8.82	91.18	17.26	20.54	24.55	7.74	29.91

从外出就业空间选择来看，随着受教育程度的不断提高，农村劳动力流向省外的比重在逐渐下降，相应的流入省内的比重在上升。进一步来看，农村外出劳动力非农就业空间选择的"哑铃"形特征仅在小学及以下、初中以及高中三个较低层次的学历群体中存在，而在大专及以上这一较高学

历群体中并不存在。"哑铃"形特征虽然在小学及以下、初中以及高中群体中均存在，但是构成"哑铃"形特征的两端随着学历层次的提高存在此消彼长的变化，流入本县的劳动力数量占该学历群体中的比重在不断上升，而流入省外的比重却在不断下降。从这个角度来看，在三个低层次的学历群体中，农村劳动力受教育程度越高越容易向近距离的本县流动，换句话说农村劳动力受教育状况的改善并没有促使其向省外流动。相较于其他学历层次而言，大专及以上是高学历的代表，其对劳动者素质的提升是一次质的飞跃，但很显然本县对高学历人员的吸纳能力明显不足，这也是"哑铃"形特征在大专及以上学历群体中消失的主要原因。从表 4 - 7 可以看出，随着学历层次进一步上升至大专及以上，农村劳动力流向本县的人数占该学历层次的比重却在下降，而且下降趋势还比较明显，从高中的 25.41% 下降到大专及以上的17.26%。当然，相较于高中学历群体而言，大专及以上学历群体中流向省外的比重也在进一步下降，但是下降幅度明显变小。

再来看省内的本市和郑州的情况。郑州作为河南省省会，是河南省内最重要的高端要素聚集平台，因此相较于本市而言，郑州对高端人才的吸纳能力更强。从表 4 - 7 可以看出，随着受教育程度的不断提高，流入郑州和本市的人数占该受教育程度人数的比重均呈现上升趋势，但很明显在小学及以下、初中、高中三个低学历群体中流入本市的比重高于郑州，在大专及以上这一高学历群体中流入本市的比重却又低于郑州。

（三）家庭因素与农村劳动力非农就业空间选择特征

按照新劳动力迁移理论的观点，农村劳动力的外出决策是建立在以家庭福利最大化为基础之上的家庭成员的共同决策，因此农村劳动力家庭因素的不同必然会对其非农就业空间产生差异化影响。

1. 按家庭非农劳动力数量分组的农村劳动力非农就业空间选择特征

根据农村家庭实际情况以及表述的方便，本部分按照家庭非农劳动力数量把非农就业劳动力划分为 1 个、2 个、3 个及以上三组。一般来说，农村家庭非农劳动力数量的多寡对其非农劳动力就业空间的影响是显而易见的，家庭非农劳动力数量越多，其每个非农就业人员的家务负担就相应较轻，相应的对其就业空间的拓展有着积极影响，反之亦反。从表 4 - 8 可以看出，上述特征还是比较明显的，随着家庭非农劳动力数量的不断增加，家庭非农就业人员外出就业的比重越来越大，相应的本地就业的比重越来越小。其中，外出就业比重从 1 个组别中的 77.53% 上升到 3 个及以上组别中的 84.37%，相应地，本地就业比重从 22.47% 下降到 15.63%。

表 4 - 8　农村劳动力按家庭非农劳动力数量分的
非农就业空间选择特征

单位：%

家庭非农劳动力数量	本地	外出	外出就业空间选择特征				
			本县	本市	郑州	本省	省外
1 个	22.47	77.53	24.18	15.47	15.17	6.46	38.72
2 个	16.82	83.18	21.20	16.68	13.67	6.33	42.13
3 个及以上	15.63	84.37	19.50	15.99	15.23	5.97	43.31

从外出就业空间选择来看，三组群体均呈现"哑铃"形特征，且随着家庭非农劳动力数量增多，流入远距离省外的比重不断上升，相应的流入本县的比重不断下降，而流入本市和郑州的比重则差别不大。具体来看，在家庭非农劳动力数量只有 1 个的组别中，流入省外和本县的人数占该组的比重分别为 38.72% 和 24.18%。而在家庭非农劳动力数量为 2 个的组别中，流入省外的比重提高到 42.13%，相应的流入本县的比重下降到 21.20%。这种趋势在 3 个及以上组别中得到进一步延续，流向省外的比重进一步上升到 43.31%，而流入本县的比重进一步下降到 19.50%。

2. 按家庭抚养孩子情况分组的农村劳动力非农就业空间选择特征

孩子是家庭的希望，对孩子的希望越大，家庭非农劳动力承担的家务负担就会越重。为了考察家庭抚养孩子情况对家庭非农劳动力就业空间的影响，本部分把样本总体划分为无抚养孩子、有学龄前儿童以及有接受义务教育孩子三个组别，各自非农就业空间选择具体如表4-9所示。

表4-9　农村劳动力按家庭抚养孩子情况分的
非农就业空间选择特征

单位：%

家庭抚养孩子情况	本地	外出	外出就业空间选择特征				
			本县	本市	郑州	本省	省外
无抚养孩子	16.99	83.01	18.05	19.21	13.49	5.72	43.52
有学龄前儿童	18.02	81.98	16.51	23.93	13.13	5.59	40.83
有接受义务教育孩子	17.17	82.83	18.02	25.44	12.12	6.30	38.12

从表4-9可以看出，由于没有了抚养孩子这一家务负担，相较于有孩子抚养的家庭而言，无抚养孩子的家庭其劳动力外出就业的比重较高，而流入本地就业的比重则较低。同理，相较于有孩子抚养的家庭而言，无抚养孩子的家庭劳动力更容易采取积极的外出就业空间选择行为，其选择省外的比重达到了43.52%，而选择省内的比重却普遍较低。

进一步来看抚养孩子这一家务负担对有学龄前儿童家庭以及有接受义务教育孩子家庭的非农劳动力外出就业空间选择差异的影响。从表4-9可知，有学龄前儿童的家庭其劳动力流向省外的比重高达40.83%，流入省内本县、本市、郑州、本省的比重分别为16.51%、23.93%、13.13%、5.59%。相较于有学龄前儿童的家庭而言，有接受义务教育孩子的家庭劳动力流向省外和郑州的比重下降到 38.12%、12.12%，而流入省内的本县、本市、本省的比重分别上升到 18.02%、25.44%、6.30%。也就是说，相较于有学龄前儿童的家庭而言，有接受义务教育孩子的家庭其劳动力更倾向于在近距离的本县、本市就业，这也许是家庭非农劳动力对接受义务教育的孩子要比学龄前儿童需要花费更大的精力导致其更倾向于近距离就业。

3. 按土地流转意愿分组的农村劳动力非农就业空间选择特征

正如在文献中回顾的那样，对农村劳动力就业空间选择影响因素的分析通常还包括家庭耕地情况，但该指标对农村家庭劳动力就业空间选择的影响并没有一致的结论。这可能是源于承包地虽然能为农村家庭带来农业收入，但该收入在中国大多数地区属于最基本的生存保障范畴，当然样本所在地的河南省更是如此，因此家庭承包地数量的多寡对农村家庭成员非农就业空间选择的异质性影响并不突出。但是家庭耕地的存在确实会增加家庭非农劳动力的家务负担，而这种家务负担对不同的家庭带来的效用则是有正有负。有的家庭愿意承担这一家务负担，继续耕种土地对家庭带来的是正的效应，该家庭土地流转的意愿就相对较弱。而有的家庭不愿意承担这一家务负担，继续耕种土地带来的则是负的效应，该家庭土地流转的意愿就相对较强。为了考察土地流转意愿与农村劳动力非农就业空间的关系，本研究所依赖的调查问卷设计了"是否愿意流转土地"这一问题，两组群体的非农就业空间选择如表4-10所示。

表4-10　农村劳动力按土地流转意愿分的非农就业空间选择特征

单位：%

土地流转意愿	本地	外出	外出就业空间选择特征				
			本县	本市	郑州	本省	省外
愿　意	14.82	85.18	21.35	12.56	12.29	6.82	47.00
不愿意	18.84	81.16	14.70	23.38	14.77	5.51	41.63

从是否外出来看，愿意流转土地的家庭劳动力就业空间选择本地和外出的比重分别为14.82%和85.18%，而不愿意流转土地的家庭劳动力就业空间选择本地和外出的比重分别为18.84%和81.16%，即相较于不愿意流转土地的家庭而言，愿意流转土地的家庭其劳动力更倾向于外出就业。而从外出就业空间选择来看，愿意流转土地的家庭劳动力主要流向了远距离的省外以及城镇化成本较低的本县两地，两地吸纳的劳动力人数占比分别为47.00%和21.35%，相应的流向郑州和本市的劳动力的比重就相对较低。相较于愿意流转土地的家庭而言，不愿意流转土地的家庭劳动力流向省外和本县的比重稍低，两者分别为41.63%和14.70%，而相应流向本市和郑州的比重较高。

可以看出，愿意流转土地即继续耕种土地产生负效应的家庭其劳动力更倾向于外出，而外出有两个空间选择：一是远距离的省外，这是因为省外与家乡的空间距离较远，耕地这一家务负担需要付出的成本较高，耕地产生的负效应自然较高；二是近距离的本县，这是因为本县的城镇化成本较低，对那些想要从农业和农村脱离出来的家庭而言，继续耕地也成为一种负效应。

（四）村庄环境因素与农村劳动力非农就业空间选择特征

人是环境的产物，环境对人的行为无疑会产生长期潜移默化的影响。一般来说，村庄的区位、地形、经济基础、社会网络等环境因素会无形中不断影响着村民对外界、对非农就业的感性和理性认识，进而对其非农就业空间产生深远影响。

1. 按村庄区位分组的农村劳动力非农就业空间选择特征

村庄区位的不同意味着外部更高层次的就业空间对本村村民的吸引力存在差异，进而对就业空间选择产生影响。按照上文的思路，本部分仍然把村庄区位划分为近县城和远县城两种类型。一般来说，相对于远县城的村庄而言，本县县城对近县城的村庄的辐射效应相对较大，这会导致近县城的村庄的劳动力在本地、本县就业的比重相对较高，而选择外出就业以及远距离省外就业的比重相对较小。村庄区位对农村劳动力就业空间选择的此种影响机制在表 4 - 11 中得到了充分体现。

表 4 - 11　农村劳动力按村庄区位划分的非农就业空间选择特征

单位：%

村庄区位	本地	外出	外出就业空间选择特征				
			本县	本市	郑州	本省	省外
近县城	22.63	77.37	25.60	16.88	13.78	5.44	38.30
远县城	10.68	89.32	10.40	16.73	17.55	9.82	45.50

从是否外出来看，相较于远县城的村庄而言，近县城的村庄其劳动力在本地就业的比重较高，而相应的外出就业的比重则较低。从外出就业空间选择来看，近县城的村庄其外出就业人员主要流向了远距离的省外和近距离的本县，两者占比分别为 38.30% 和 25.60%。相较于近县城的村庄而言，远县城的村庄其外出劳动力流向远距离省外的比重大幅度提高至 45.50%，而流向近距离本县的比重大幅度下降至 10.40%。

2. 按村庄地形分组的农村劳动力非农就业空间选择特征

在其他条件相同的情况下，不同的村庄地形意味着村庄与外界交流的便利程度不同，这会对农村劳动力是否外出以及外出就业空间如何产生一种潜移默化的影响。本部分把调研村庄的地形划分为平原和非平原两种类型，各自的非农就业空间选择如表 4 - 12 所示。

表 4 – 12　农村劳动力按村庄地形分的非农就业空间选择特征

单位：%

村庄地形	本地	外出	外出就业空间选择特征				
			本县	本市	郑州	本省	省外
平原	18.68	81.32	18.01	13.12	15.08	6.65	47.14
非平原	20.17	79.83	29.15	29.56	14.89	7.76	18.64

　　从是否外出来看，平原地区和非平原地区的农村劳动力外出就业的比重都要远远大于本地就业，但平原地区的劳动力更倾向于外出就业，而非平原地区的劳动力则更倾向于本地就业。从外出就业空间选择来看，平原地区的农村劳动力主要流向了远距离的省外和近距离的本县，且流入省外的比重要远远高于本县，两者占比分别为 47.14% 和 18.01%。相较于平原地区而言，非平原地区的农村劳动力主要流向了本市和本县，两者占比分别为 29.56% 和 29.15%，而流向省外的劳动力占比仅为 18.64%。通过对比可以看出，村庄地形对农村劳动力外出就业空间的影响还是比较大的，平原地区的农村劳动力对远距离的省外的偏好要远远大于非平原地区，相应地，非平原地区的农村劳动力对近距离的本县和本市的偏好要大于平原地区，但是两类地区流入郑州和本省的比重相差并不大。

　　3. 按村庄经济基础分组的农村劳动力非农就业空间选择特征

　　村庄经济基础的好坏对农村劳动力非农就业空间选择有

非常重要的影响：一方面，经济基础较好的村庄其所属县（市）的县域经济往往也比较发达，本县县域内能提供的就业岗位也相对较多，在本县县域内就业能在务工距离上更好地取得就业和照顾家庭的平衡，因此经济基础较好的村庄的劳动力在本地和本县就业的比重就相对较高；另一方面，村庄经济基础越好，其村民外出就业时的起点和相应的利益诉求就相对较高，流入远距离省外就业的劳动力比重也有可能相对较高。为了考察这种机制是否存在以及以什么样的结构存在，本部分以村庄有无企业为标准把样本村庄划分为有经济基础和无经济基础两组，两组村庄的劳动力非农就业空间选择如表 4 – 13 所示。

表 4 – 13　农村劳动力按经济基础分的非农就业空间选择特征

单位：%

村庄有无经济基础	本地	外出	外出就业空间选择特征				
			本县	本市	郑州	本省	省外
无	18.36	81.64	15.28	21.87	17.54	7.53	37.77
有	20.02	79.98	28.71	8.97	11.13	5.92	45.27

从是否外出来看，相较于无经济基础的村庄而言，有经济基础的村庄其劳动力在本地就业的比重相对更大，而外出的比重则相对较小。从外出就业空间选择来看，相较于无经济基础的村庄而言，有经济基础的村庄的劳动力更倾向于流向远距离的省外和近距离的本县。具体来看，没有经济基础的村庄其外出劳动力主要流向了省外，省外吸纳的劳动力人

数占比达到 37.77%，而流入省内的本县、本市以及郑州的比重较低且相差不大，流向本省的比重最低。与没有经济基础的村庄相比较，有经济基础的村庄其外出劳动力流向省外和本县的比重较大，两者占比分别为 45.27% 和 28.71%，相应地流向本市、郑州和本省的比重较小。

4. 按使用社会网络分组的农村劳动力非农就业空间选择特征

人力资本缺乏的农村劳动力可以借助社会网络快速低成本地在目的地寻找到就业机会并最大可能地降低外出风险，因此依靠社会网络获取就业信息渠道对农村劳动力外出就业空间选择具有非常重要的作用。调查问卷中把农村劳动力就业渠道来源划分为自行外出、经人介绍、单位招聘以及创业四种类型，其中经人介绍可以视作社会网络的代理变量，而自行外出、单位招聘以及创业可以视为不使用社会网络，是否使用社会网络对农村劳动力非农就业空间选择的影响如表 4-14 所示。

**表 4-14　农村劳动力按是否使用社会网络分的
非农就业空间选择特征**

单位：%

是否使用社会网络	本地	外出	外出就业空间选择特征				
			本县	本市	郑州	本省	省外
是	11.52	88.48	13.49	11.09	15.64	6.53	53.24
否	15.65	84.35	19.93	19.02	15.58	7.34	38.13

很显然社会网络在比较陌生的、远距离的就业空间发挥的作用更大，表4－14中也反映了该种事实。从是否外出来看，相较于不使用社会网络的劳动力而言，使用社会网络的劳动力外出就业的比重较高，而相应的本地就业的比重较低。从外出就业空间选择来看，使用社会网络的劳动力省外就业的比重高达53.24%，而不使用社会网络的劳动力省外就业的比重仅有38.13%，可见使用社会网络对省外这一远距离外出就业空间的拓展有着积极作用。

三 农村劳动力非农就业空间选择影响因素的回归分析

本书第二章文献综述部分指出，目前基于流出地农村劳动力微观调研数据的文献，对农村劳动力外出就业空间呈现什么样的结构特征并没有一致结论，亦缺乏对农村劳动力外出就业细分空间影响因素的研究。现有对农村劳动力务工空间研究的文献，如 Zhao（2003）和李富强、王立勇（2014）的研究，通常仅把就业空间划分为：本地务工和外出务工两种类型，较少从更为细化的空间对劳动力就业空间的影响因素进行研究。个别文献，如高更和等（2009）和付振奇、陈淑云（2017）的研究，虽然对就业空间做了较为细化的分类，在实证过程中却采用二值选择模型，这导致其研究并未对多空间就业地选择的影响因素做出分析。

本章前文基于调研数据从个人因素、家庭因素、村庄环境因素等多个方面对农村劳动力非农就业空间做了翔实的描述性统计分析，通过与人口普查数据以及现有文献的对比，厘清了农村劳动力非农就业空间选择的特征，为接下来研究就业空间的代际效应打下了坚实的基础。但仅仅是统计性描述分析无法告诉我们在控制相关变量的条件下，不同影响因素对就业空间选择的影响方向和程度，故亦无法对现有文献存在争议的问题进行对比。本部分将基于 Mlogit 和双变量 Probit 等回归方法分析农村劳动力非农就业空间选择的影响因素，特别是对于目前文献较有争议的影响因素展开分析。

（一）计量模型设定和变量选择

1. 计量模型设定

个人就业空间的选择显然是一个多值选择问题，适用的计量方法是多值选择模型（Multinomial Logit）。笔者借鉴李富强和王立勇（2014）、邓曲恒（2013）等的研究方法，通过构建如下的计量模型，研究使用社会网络以及其他因素对农村劳动力就业空间选择的影响。

$$Workplace_{ij} = \alpha + \beta Infowork_{ij} + \gamma\, Education_{ij} + \delta X_{ij} + \varepsilon_{ij}$$

其中被解释变量为 $Workplace_{ij}$，考虑到本研究数据所显示的农村劳动力实际非农就业地点的特征，同时也便于与其他相关研究对比，本部分务工地点与上一部分的划分基本一致：本地、本县、本市、本省和省外。其中本地在做 Mlogit

回归时为参照组（参照方案），取值为 0。本县、本市、本省和省外依次取值：1、2、3、4。并以此作为务工距离的考量。兴趣解释变量为 $Infowork_{ij}$（务工信息渠道的选择）和 $Education_{ij}$（受教育程度）；控制变量为 X_{ij}，表示其他随个体 i 而变，不随务工地 j 而变的影响就业空间选择的因素，如个人特征变量（性别、年龄等）、家庭特征变量（抚养未成年人数、赡养老人人数、家庭耕地面积等）、村庄特征变量（地形、区位等）。ε_{ij} 表示随机扰动项；i 代表个体，j 代表空间。

2. 数据处理与变量选择

通常文献把一年内从事非农就业的时间超过 180 天的农民定义为外出农民工，为便于和其他文献结论进行对比，本研究从总体样本中筛选出务工时间超过 180 天的样本，同时删除其他重要务工信息缺失的样本（如教育年限、年龄、性别、务工经历、现职业从业年份、务工地点、务工职业/行业、务工收入、日工作时长以及反映家庭和村庄等情况的信息），最后得到一个包含 9051 个务工者的样本。

本书第二章文献综述部分对国内外研究中国农村劳动力非农就业空间选择影响因素的文献做了系统的归纳和评述，并指出目前文献对性别、年龄、家庭劳动力人数、家庭抚养赡养负担、村庄区位、地形等因素对劳动力就业空间选择的影响基本形成了共识，但对于其他一些重要影响因素的研究尚未达成比较一致的意见，例如教育水平的提高究竟是导致务工者外出务工的概率更大还是留在本地务工的概率更大，即农村劳动力是否存在"本地精英化"的情况，现有文献并未达成共识（Zhao，1999；蔡昉等，2002；Wu，2010；梁阳，2012）。再比如，不同的务工渠道是否对务工地点的选择和务工收入带来影响，现有研究结论也存在较大的分歧。一些文献指出，务工渠道，特别是通过社会网络务工，会影响务工者就业空间选择和务工收入（陈云松，2012；王春超、周先波，2013；叶静怡、武玲蔚，2014；刘家强、王春蕊等，2011；高更和、李小建等，2009），但同样不少文献指出务工渠道对务工地点和务工收入没有显著影响（赵延东，2002；刘林平、张春泥，2007；章元、陆铭，2009；付振奇、陈淑云，2017）。正因如此，本部分将基于不同的调研数据对目前尚有争议的问题进行研究，以期进一步厘清问题。

表4-15提供了一个本部分实证分析将要用到的所有变量的定义。村庄信息对应所有个体样本。务工信息渠道：68.6%的务工者属于自主外出，25.2%的务工者使用了社会网络；4.6%的务工者通过企业招聘务工，还有1.6%的人属于自己创业。个人和人力资本特征：务工者平均年龄37.16岁；男性占比68.2%；务工者平均受教育年限9.64年，大致相当于初中学历。家庭特征：平均每户3.74个劳动力，0.64个未成年人，0.43个65岁及以上的老人。平均每个村庄有3.45个企业，但不难发现不同村庄企业数量差距巨大。

村庄平均距离最近县城的通勤时间为 32. 76 分钟，距离最近城市的通勤时间为 67. 25 分钟。

表 4 - 15　变量定义和描述性统计

变量名称	含义	样本数	均值	标准差	最小值	最大值
infowork1	自行外出（是 =1,否 =0）	9051	0.686	0.464	0	1
infowork2	熟人介绍（是 =1,否 =0）	9051	0.252	0.434	0	1
infowork3	单位招聘（是 =1,否 =0）	9051	0.046	0.21	0	1
infowork4	自己创业（是 =1,否 =0）	9051	0.016	0.124	0	1
education	教育年限（年）	9051	9.638	3.17	0	19
gender	性别（男 =1,女 =0）	9051	0.682	0.466	0	1
age	年龄（岁）	9051	37.156	10.304	16	64
labor	家庭劳动力人数（个）	9051	3.735	1.246	1	11
oldman65	家庭 65 岁及以上老人数（个）	9051	0.434	0.729	0	3
kids15	家庭学龄儿童数（个）	9051	0.637	0.81	0	5
lnland	家庭实际耕地对数	9051	1.471	0.792	0	6.155
nfirms	村庄企业数（个）	9051	3.453	14.709	0	80
dist_town	距离最近县城时间（分钟）	9051	32.758	17.533	5	80
dist_city	距离最近城市时间（分钟）	9051	67.248	38.366	10	180
topo1	平原村庄（是 =1,否 =0）	9051	0.78	0.414	0	1
topo2	山地村庄（是 =1,否 =0）	9051	0.021	0.144	0	1
topo3	丘陵村庄（是 =1,否 =0）	9051	0.199	0.399	0	1

（二）实证结果分析

表 4 - 16 汇报了回归结果。对于我们关心的问题：务工渠道以及受教育程度对务工地点有无影响？回归结果显示：相较于自行务工，使用社会网络会使本地务工概率下降 1.41 个百分点，本县务工概率下降 2.49 个百分点，本市务工概率

下降 5.16 个百分点，本省务工概率提高 2.06 个百分点，跨省务工概率提高 7.01 个百分点。使用社会网络务工会对务工者的就业空间选择产生显著影响，务工距离越远务工者越愿意使用社会网络找工作。该结论与刘家强、王春蕊等（2011）的研究颇为一致。通过企业招聘务工会提高本市和本省务工的概率，但对本地、本县和省外务工空间没有显著影响；虽然样本中通过创业就业的人数不多，但回归结果显示，相较于自行务工，创业者在本地创业的概率将提高 13.58 个百分点，而出省的概率将降低 18.07 个百分点，这在一定程度上反映出农村地区确实存在返乡创业的情况。教育对务工空间的选择也是一个颇有争议的问题，从回归结果看，随着教育年限增加，本地务工的概率会下降，在本县、本市、本省的务工概率会增加，在省外务工的概率下降。

其他回归结果则和理论以及现有文献的结论基本一致，下面我们将分个人、家庭、村庄等因素分别汇报回归结果。

个人变量：性别、年龄和务工经历等变量与现有文献的结论基本一致：相对于女性，男性更愿意跨省务工，而在本市本县的务工概率会降低；随着年龄增大，务工者在省外务工的概率会下降。

家庭变量：家庭劳动力越多，务工者选择远距离务工的概率会增加，留在本地和本县务工的概率会下降，省外务工的概率会提升；家庭需要抚养的未成年人数的增加将提高本地和本县的务工概率，降低本市和省外务工的概率。具体为：

随着未成年人数的增加，家庭每增加一个未成年人，在本地和本县务工的概率会增加2.04个和0.95个百分点，省外务工的概率下降2.64个百分点。家庭65岁及以上老人人数的增加会降低务工者本地务工的概率，增加省外务工的概率。该因素与调研中了解的情况颇为一致，很多农村家庭的老人承担了照看孙子或孙女的责任，一定程度上解决了务工者因照看子女而无法远距离务工的后顾之忧。家庭耕地面积对务工地点的影响正如本书文献综述部分指出的那样比较复杂，回归结果均显示家庭耕地面积越多，本地和本县务工的概率将提高，本市和省外务工的概率降低，本省务工的概率提高。

村庄变量：村内企业数量会对务工地点选择产生显著影响，具体为：村内企业数量每增加1家，农村劳动力在本地和本县务工的概率增加0.3个和0.11个百分点，到本市和省外务工的概率分别降低0.14个和0.28个百分点。村庄区位变量则显示：随着到本县县城通勤时间的增加，村民在本地、本县和省外务工的概率降低，到本市和本省的务工概率会增加。随着到最近市区通勤时间的增加，村民到本县、本省和省外的务工概率会提高，到本地和本市的务工概率会降低。村庄地形变量：相对于平原地区的村庄，丘陵和山地地区的村庄的村民到省外的务工概率会下降20~40个百分点，这意味着河南跨省流动的农村劳动力主要源于平原地区的村庄。而相对于平原地区的村庄，丘陵和山地地区的村庄，村民更偏爱在本地、本县和本市务工。

表 4 - 16 务工渠道、教育及其他因素对务工空间选择的边际效应（Mlogit 回归）

变量	模型 1				
	本地	本县	本市	本省	省外
infowork2	- 0. 0141 *	- 0. 0249 ***	- 0. 0516 ***	0. 0206 **	0. 0701 ***
	（0. 0085）	（0. 009）	（0. 0094）	（0. 0094）	（0. 0108）
infowork3	- 0. 0283	- 0. 0184	0. 0563 ***	0. 0328 *	- 0. 0425
	（0. 021）	（0. 0173）	（0. 0147）	（0. 0195）	（0. 0274）
infowork4	0. 1358 ***	0. 0371	0. 01	- 0. 0021	- 0. 1807 ***
	（0. 0234）	（0. 0278）	（0. 0295）	（0. 0381）	（0. 0502）
gender	- 0. 006	- 0. 0214 ***	- 0. 0083	0. 0036	0. 0321 ***
	（0. 0079）	（0. 0077）	（0. 0077）	（0. 0088）	（0. 0104）
age	0. 0054 ***	0. 0012 ***	0. 0014 ***	- 0. 0019 ***	- 0. 006 ***
	（0. 0004）	（0. 0004）	（0. 0004）	（0. 0004）	（0. 0005）
education	- 0. 0069 ***	0. 0027 **	0. 0044 ***	0. 012 ***	- 0. 0121 ***
	（0. 0013）	（0. 0012）	（0. 0012）	（0. 0013）	（0. 0016）
labor	- 0. 0202 ***	- 0. 0106 ***	0. 0041	- 0. 0012	0. 0279 ***
	（0. 003）	（0. 003）	（0. 0029）	（0. 0033）	（0. 0038）
oldman65	- 0. 0267 ***	0. 0061	- 0. 0029	0. 0075	0. 016 **
	（0. 0053）	（0. 005）	（0. 005）	（0. 0056）	（0. 0066）
kids15	0. 0204 ***	0. 0095 **	- 0. 0095 **	0. 0059	- 0. 0264 ***
	（0. 0044）	（0. 0046）	（0. 0047）	（0. 0051）	（0. 0059）
lnland	0. 0374 ***	0. 0171 *	- 0. 1235 ***	0. 0914 ***	- 0. 0223 *
	（0. 0091）	（0. 0092）	（0. 0098）	（0. 01）	（0. 0124）
nfirms	0. 003 ***	0. 0011 ***	- 0. 0014 ***	0. 0002	- 0. 0028 ***
	（0. 0002）	（0. 0003）	（0. 0004）	（0. 0004）	（0. 0005）
dist_town	- 0. 0009 ***	- 0. 0022 ***	0. 0034 ***	0. 0015 ***	- 0. 0018 ***
	（0. 0003）	（0. 0003）	（0. 0003）	（0. 0003）	（0. 0003）
dist_city	- 0. 0009 ***	0. 0004 ***	- 0. 0021 ***	0. 0007 ***	0. 0019 ***
	（0. 0001）	（0. 0001）	（0. 0002）	（0. 0001）	（0. 0002）

续表

变量	模型 1				
	本地	本县	本市	本省	省外
topo2	0.1557 ***	0.0301	0.3525 ***	− 0.1341 ***	− 0.4043 ***
	(0.0304)	(0.0318)	(0.0241)	(0.035)	(0.0422)
topo3	0.0247 ***	0.0934 ***	0.0773 ***	0.0414 ***	− 0.2368 ***
	(0.0094)	(0.0086)	(0.0092)	(0.0115)	(0.0146)
观测值	9051				
极大似然值	− 1.30E + 04				
Pseudo R^2	0.0982				

注：表中系数均为 dy/dx 的平均边际效应，括号内为标准误；＊、＊＊、＊＊＊分别表明双尾检验的 10%、5% 和 1% 的显著性水平。针对 Mlogit 的适用条件 IIA 是否满足，我们以 Small‐Hsiao 的方法做了检验，结果表明本书所用数据满足 IIA 假设。

（三）郑州市作为就业目的地影响因素分析

受限于多值选择模型对不同组别划分条件的限制，统计性描述所揭示的河南省内跨市域流动最为重要的就业空间——郑州市，未能在多值回归分析中得到充分的研究，为了弥补该问题，本部分将对郑州作为就业目的地的影响因素进行分析。如果把就业空间划分为郑州和郑州以外地区两类，那么通常认为适合的计量模型是二值选择模型（Logit 模型）。如果对该问题仔细斟酌，我们会发现到郑州务工（包括到本市、省外等空间）实质上涉及两个阶段：一是是否外出务工，二是去哪里务工。如果完整考虑该过程，那么适宜的计量模型是似不相关双变量回归模型，即我们把影响外出务工的因素与影响到郑州务工的因素通过建立结构方程进行分离，以便更为准确地估计影响以郑州为就业目的地因素的回归系数。[①] 本部分我们研究以郑州为就业目的地的影响因素时，将分别做两组回归以便进行比较。需要说明的是：使用似不相关双变量回归（seemingly unrelated bivariate probit）需要满足结构方程的扰动项是否相关的条件。根据 wald 检验，p 值为 0.0000，可以在非常低的概率上拒绝二者无关的原假设，有必要使用双变量 Probit 模型。

表 4 - 17 汇总了两种方法的回归结果。双变量 Probit 的回归结果与 Logit 回归的结果还是有较为明显的差异，例如教育对就业空间的影响，双变量回归中把教育的影响分为了两部分：一部分是对是否外出务工的影响，另一部分是对是否到郑州务工的影响，简单地把务工空间分为郑州和郑州以外空间两部分，可能会高估不同因素对到郑州务工的影响强度，因此我们对以郑州为就业目的地的影响因素分析以双变量 Probit 模型的回归结果为准。模型 2 的回归结果显示，相对于到郑州以外的空间务工，教育水平提高 1 年到郑州务工的概率提高 4.3 个百分点；年龄每增长 1 岁到郑州务工的概率降低 1 个百分点；村庄与本县县城通勤时间每增加 1 分钟，该村村民到郑州务工的概率提高 0.5 个百分点。相对于平原地区的村庄，山地村庄的村民到郑州务工的概率下降 56 个百分点。务工信息渠道对是否到郑州务工没有显著影响。因此到郑州务工的群体是教育

---

① 似不相关双变量回归模型的基本原理详见陈强（2014）。

水平较高、年纪较轻、耕地较多、村庄距离县城较远以及平原和丘陵地区的村庄的村民。

表 4 - 17　以郑州作为就业目的地影响因素回归结果

变量	模型 2：似不相关双变量 Probit 回归		模型 3：Logit 回归
	是否外出	是否到郑州	
gender	0.022	0.006	0.026
	(0.419)	(0.117)	(0.293)
age	-0.022 ***	-0.010 ***	-0.020 ***
	(-8.167)	(-3.622)	(-3.546)
education	0.026 ***	0.043 ***	0.082 ***
	(3.271)	(5.706)	(5.932)
kids15	-0.120 ***	-0.021	-0.039
	(-4.232)	(-0.744)	(-0.722)
oldman65	0.120 ***	-0.010	-0.016
	(3.534)	(-0.320)	(-0.273)
labor	0.085 ***	0.024	0.043
	(4.494)	(1.348)	(1.246)
lnland	-0.130 **	0.359 ***	0.623 ***
	(-2.099)	(6.516)	(6.290)
nfirms	-0.012 ***	-0.001	-0.002
	(-9.693)	(-0.716)	(-0.520)
topo2	-0.922 ***	-0.560 ***	-1.112 ***
	(-5.405)	(-3.319)	(-3.285)
topo3	0.095	-0.010	-0.000
	(1.450)	(-0.161)	(-0.002)
dist_town	0.006 ***	0.005 ***	0.009 ***
	(3.383)	(3.426)	(3.243)
dist_city	0.005 ***	0.001	0.003 **
	(5.255)	(1.619)	(1.968)

变量	模型2:似不相关双变量 Probit 回归		模型3:Logit 回归
	是否外出	是否到郑州	
infowork2		− 0.064	− 0.070
		(− 1.263)	(− 0.729)
infowork3		− 0.079	− 0.117
		(− 0.793)	(− 0.629)
infowork4		− 0.050	− 0.263
		(− 0.236)	(− 0.666)
_cons	1.228 ***	− 1.712 ***	− 3.022 ***
	(6.925)	(− 10.149)	(− 9.513)
观测值	9051		9051
Pseudo R²			0.0438

注:括号内为 t 值; *、**、*** 分别表明双尾检验的 10%、5% 和 1% 的显著性水平。

四 本章小结

本章首先对样本数据来源及地域分布进行了详细介绍,并对农村非农劳动力的特征进行了概括性描述。总体来看,本地就业和外出就业群体的性别差异不大,相较于本地就业群体而言,外出就业劳动者的年龄结构更趋年轻化、受教育程度结构中大专及以上学历群体占比更大、工作行业更加高级化、经人介绍工作这一社会网络的运用更加普遍、收入水平也更高。对农村劳动力非农就业空间选择特征的考察是本章的重点。从是否外出来看,农村劳动力外出就业比重

（80.98%）要远远大于本地就业（19.02%）。本章进一步把外出就业空间划分为本县、本市、郑州、本省以及省外五大类型，各自吸纳劳动力人数占外出就业人数的比重分别为20.53%、16.83%、15.04%、6.90%、40.70%，即农村劳动力外出就业空间选择呈现两端多、中间少的"哑铃"形特征。在此基础上，本章还从个人因素、家庭因素以及村庄环境因素进一步分析了农村劳动力外出就业的空间选择特征，并得到了一些有价值的结论。个人因素中，男性、年轻者更倾向于远距离务工，受教育程度越高省外务工的可能性越低。家庭因素中，家庭非农劳动力数量较多者、家庭无抚养孩子情况者更倾向于在省外务工，愿意流转土地的家庭劳动力倾向于省外和本县务工。村庄环境因素中，远县城、平原地区以及使用社会网络的劳动力倾向于远距离务工，村庄有经济基础的劳动力倾向于省外和本县务工。

　　当然农村劳动力非农就业空间选择尤其是外出就业空间选择的影响因素很复杂，单纯数据上的描述只能直观地反映一些相关特征，并不能说明各个因素与农村劳动力非农就业空间选择之间的因果关系以及影响程度的大小，因此本章还通过 Mlogit 以及似不相关双变量 Probit 回归对农村劳动力外出就业空间选择的影响因素做了回归分析。主要结论如下。首先，务工渠道会对就业空间选择产生显著影响。通过社会网络务工会降低在本地务工的概率，提高出省务工的概率；通过创业就业的劳动力更偏爱本地和本县务工，较少选择距离家乡更远的地区；单位招聘会提高在本市和本省的务工概率。其次，教育对务工空间的选择有显著影响。随着教育水平的提升，在本地和省外务工的概率会降低，在本县、本市和本省务工的概率会提升。再次，减少村庄到县城或市区的通勤时间会提高村民到县城和市区务工的概率。最后，相对于平原地区的村庄，丘陵和山地地区的村庄的村民更偏爱在省内特别是本市市域范围内务工，而较少选择省外务工。

　　本章在本书结构体系中的主要作用是从更具有代表性的微观调研数据入手考察了农村劳动力非农就业空间选择的结构特征及其影响因素，为本书后续的核心内容即农村劳动力非农就业空间选择对教育和职业地位的代际效应的研究奠定了空间基础。

第五章　农村劳动力非农就业
与教育的代际流动

改革开放 40 多年来，中国教育事业获得突飞猛进的发展。九年义务教育的普及使基础教育实现了适龄人口的全覆盖，高等教育毛入学率也大幅提升到 48.1%。但是，教育的阶层分化也日益严重，尤其是数量庞大的农民工群体，不但这些从业者本人初中及以下学历占了这个群体的大部分，而且由于"人户分离"和留守儿童现象的普遍存在，代与代之间也存在水平传承甚至负向流动的隐忧。而且，第三章的理论模型分析也表明，父母的就业空间选择不但会影响其收入水平，同时也会影响子女的陪伴时间，这都有可能对子女的教育水平产生重要影响。那么，父代外出务工究竟会对子代的教育水平产生何种影响，会导致子女教育水平向上流动还是向下流动？父代就业空间的差异是否会对子代教育代际流动产生影响？如本书前面强调过的，这些问题都不仅仅是非农就业者个人和家庭的问题，也是关系社会稳定持续发展的重大问题，需要深入研究。

本章同样使用河南大学"百县千村"入户调查之"整村调查"项目样本数据，对农村劳动力非农就业如何影响代际教育流动展开研究。

一　计量模型设定与数据处理

（一）回归模型设定与估计方法

本研究借鉴卢盛峰等（2015）、宋旭光和何佳佳（2019）、孙三百等（2012）的研究方法，通过构建如下计量模型分析父代劳动力非农就业如何影响子代教育流动：

$$EduFlow_{it} = \alpha_0 + \alpha_1 Fowork_{it} + \delta_\theta X_{it} + \varepsilon_{it} \qquad (1)$$

其中，$EduFlow_{it}$表示 t 年第 i 个子代个体的教育流动情况，该变量取值 -1、0 和 1。$Fowork_{it}$表示父代是否外出进行非农就业，如果父代外出进行非农就业，则取值 1，否则取值 0。X 表示控制变量，包括个人特征控制变量、家庭特征控制变量和所在村庄特征控制变量。ε_{it}表示随机误差项。由于被解释变量是有序分类变量，所以本研究选择有序 Logit 方法对式（1）进行估计。在该模型中，系数 α_1 是本研究关注的核心待估参数。

（二）数据来源和处理过程

同本书其他地方一样，这里的样本数据也来自河南大学"百县千村"入户调查之"整村调查"项目样本数据，但需做如下特殊处理：首先，将家庭关系数据和个人数据进行匹配；其次，将子代观测样本与父代教育水平进行匹配；再次，对样本进行筛选，剔除在读学生个体，删除样本中 15 岁以下的个体；最后，删除父代教育水平或子代教育水平缺失的个体，最终得到的样本量为 8152 个。相关变量的描述性统计见表 5－1。

（三）变量选择

被解释变量：教育水平流动（$EduFlow_{it}$），该变量取值 -1、0 和 1。调查问卷对个体的学历进行了统计，按照中国现实和现有研究的通用做法对个体的教育水平进行赋值：文盲 $=0$；小学或者未上学但认字 $=6$；初中或中专 $=9$；高中或成教 $=12$；大专或专升本或本科 $=16$；研究生及以上 $=19$。如果子代的教育水平低于父代，则取值 -1；如果子代的教育水平等于父代教育水平，则取值 0；如果子代教育水平高于父代，则取值 1。这里特别需要说明的是，由于父亲和母亲双方中任何一方的教育水平都会影响到子代的教育水平，所以这里选择父亲和母亲教育水平的最大值作为父代的教育水平。因为随着经济的发展，女性在家庭中的社会地位也逐步提升，仅考虑父亲的教育水平不能很好地表示整个家庭的父代教育水平，同时，由于样本中部分父亲的教育水平缺失，这样也能最大限度地利用样本信息。

核心解释变量（*Fwork*）：父代是否外出进行非农就业，如果进行非农就业，取值为1，否则为0。

控制变量：与现有文献（邢春冰，2006；刘愿，2016；李军和周安华，2018）基本保持一致，我们在模型中进一步控制了个人特征因素、家庭特征因素和村庄特征因素。个人特征因素包括：性别（*gender*）、年龄（*age*）、是否有从军经历（*army*）、工资对数（lnwage）。家庭特征因素包括：家庭常住人口对数（lnhouseholds）、家庭人均收入对数（lnhpincome）、家庭实际耕地对数（lnland）。村庄特征因素包括：距离最近县城时间（*dist_ town*）、距离最近城市时间（*dist_ city*）、村庄是否有小学（*ifschool*）。

表 5 – 1　主要变量的描述性统计

变量名称	变量含义	样本数	均值	标准差	最小值	最大值
edu	教育水平（年）	8152	9.841	3.306	0	18
fedu	父代的最高教育水平（年）	8152	7.855	3.576	0	16
Fwork	父代是否外出进行非农就业（是 =1，否 =0）	8152	0.029	0.168	0	1
gender	性别（男性 =1，女性 =0）	8152	0.795	0.404	0	1
age	年龄（周岁）	8108	34.51	10.72	16	108
army	是否有从军经历（是 =1，否 =0）	8152	0.156	0.621	0	1

变量名称	变量含义	样本数	均值	标准差	最小值	最大值
lnwage	工资对数	6481	10.24	1.283	0	13.37
lnhouseholds	家庭常住人口对数	7785	1.184	0.539	0	2.565
lnhpincome	家庭人均收入对数	7680	9.238	1.055	0	14.52
lnland	家庭实际耕地对数	7241	1.471	0.792	0	6.155
dist_town	距离最近县城时间（分钟）	8152	13.59	8.787	0.5	35
dist_city	距离最近城市时间（分钟）	7676	47.63	32.74	5	150
ifschool	村庄是否有小学（是=1,否=0）	8152	0.642	0.479	0	1

二 农村劳动力代际教育流动性的客观事实

（一）代际教育流动性：现状与动态趋势

表5-2显示了农村劳动力代际教育水平流动性状况。本章根据子代的出生年份，将子代分为1960年以前、1960~1969年、1970~1979年、1980~1989年、1990~1999年和2000年至今一共6个阶段，分别考察不同年代出生的个体教育流动情况。

根据表5-2最后一列，在我们的样本中，1980~1989年出生的人数占比最高，达到36.22%；其次是1990~1999年出生的人数，占总样本数的比例是32.88%；排在第三位

的是 1970～1979 年出生的人数，占比为 17.90%。根据表
5-2最后一行，从全部样本来看，子代相对父代教育水平上
升的个体占比 45.94%，教育水平下降的个体占总样本的
15.89%，另外有 38.17% 的子代与父代的教育水平保持一
致。而且，我们可以发现，随着子代出生时间的延后，教育
水平向上流动占比本组比例呈现下降趋势。具体来说，20 世
纪 60 年代以前和 20 世纪 60 年代出生的子代相对于父代教育
水平向上流动占比分别达到 63.56% 和 62.34%，其次是
1970～1979 年出生的子代，教育向上流动的比例占本组比是
51.06%，然后是 80 年代和 90 年代出生的子代，教育水平相
对父代向上流动的人数占本组比分别为 42.74% 和 43.81%。
子代相对父代教育水平向下流动的人数占本组的比例最高的
前三个年代分别是 1980～1989 年、1970～1979 年和 1990～
1999 年。

表 5-2　代际教育流动趋势分析

子代出生年代		向下流动	保持不变	向上流动	全部
1960 年以前	观测值	33	57	157	247
	占本组比（%）	13.36	23.08	63.56	100
	占全部比（%）	0.400	0.700	1.930	3.030
1960～1969 年	观测值	62	141	336	539
	占本组比（%）	11.50	26.16	62.34	100
	占全部比（%）	0.760	1.730	4.120	6.610
1970～1979 年	观测值	223	491	745	1459
	占本组比（%）	15.28	33.65	51.06	100
	占全部比（%）	2.740	6.020	9.140	17.90

子代出生年代		向下流动	保持不变	向上流动	全部
1980～1989 年	观测值	554	1137	1262	2953
	占本组比（%）	18.76	38.50	42.74	100
	占全部比（%）	6.800	13.95	15.48	36.22
1990～1999 年	观测值	380	1126	1174	2680
	占本组比（%）	14.18	42.01	43.81	100
	占全部比（%）	4.660	13.81	14.40	32.88
2000 年至今	观测值	43	160	71	274
	占本组比（%）	15.69	58.39	25.91	100
	占全部比（%）	0.530	1.960	0.870	3.360
全部	观测值	1295	3112	3745	8152
	占全部比（%）	15.89	38.17	45.94	100

表 5-3 进一步呈现父代与子代代际的教育流动情况。我们可以看到，父代教育水平为文盲时，子代教育水平为初中的占比最高，为 50.36%，其次是小学教育水平，占比为 27.98%，仅有 6.62% 的子代教育水平在本科及以上。父代为小学教育水平时，子代为初中的占比最高，为 58%，其次是小学和高中，分别为 23.78% 和 8.38%，本科及以上的子代占比有所提升，达到 7.89%。父代教育水平为初中时，子代教育水平为初中的占比最高，达到 60.74%，其次是本科和高中，分别为 16.43% 和 12.28%。父代教育水平为高中时，子代教育水平为初中的占比最高，为 50.69%，其次是本科和高中，分别为 23.45% 和 16.97%。父代教育水平为本科时，子代教育水平为初中的占比最高，为 46.15%，其次

是本科,占比为 39.23%,教育水平为高中和小学的人数占比都降到 10% 以下,分别为 6.92% 和 6.15%。通过以上的分析我们可以看到,从总体来看,农村非农就业劳动力的教育水平仍旧普遍较低,初中教育水平的人数占比最高;而且,子代的教育水平与父代有很强的相关性,随着父代教育水平的提升,子代教育水平也会随之提高。

表 5-3　代际的教育流动情况分析

父代教育水平		子代教育水平						
		文盲	小学	初中	高中	本科	研究生	全部
文盲	观测值	65	275	495	83	61	4	983
	占本组比(%)	6.610	27.98	50.36	8.440	6.210	0.410	100
	占全部比(%)	0.800	3.370	6.070	1.020	0.750	0.050	12.06
小学	观测值	36	437	1066	154	136	9	1838
	占本组比(%)	1.960	23.78	58.00	8.380	7.400	0.490	100
	占全部比(%)	0.440	5.360	13.08	1.890	1.670	0.110	22.55
初中	观测值	44	338	2325	470	629	22	3828
	占本组比(%)	1.150	8.830	60.74	12.28	16.43	0.570	100
	占全部比(%)	0.540	4.150	28.52	5.770	7.720	0.270	46.96
高中	观测值	13	91	696	233	322	18	1373
	占本组比(%)	0.950	6.630	50.69	16.97	23.45	1.310	100
	占全部比(%)	0.160	1.120	8.540	2.860	3.950	0.220	16.84
本科	观测值	0	8	60	9	51	2	130
	占本组比(%)	0	6.150	46.15	6.920	39.23	1.540	100
	占全部比(%)	0	0.100	0.740	0.110	0.630	0.020	1.590
全部	观测值	158	1149	4642	949	1199	55	8152
	占全部比(%)	1.940	14.09	56.94	11.64	14.71	0.670	100

（二）代际教育流动差异性分析

表5-4呈现按照性别分组的代际教育流动差异性。女性教育水平向上流动的人数占本组比为50.78%，高于男性的44.69%；女性教育水平向下流动的人数占本组比例为15.47%，略低于男性教育水平向下流动的人数占比15.99%。表5-5呈现按照父代工作地点进行分组的子代教育流动差异性。我们发现如果父代在本地工作，子代教育水平向上流动占本组的比例最高，达到43.84%，其次是在本省工作，子代教育水平向上流动占本组的比例为37.10%，在省外工作的父代所对应的子代教育水平向上流动占本组的比例仅为32.74%。根据表5-5我们似乎可以得到一个这样的结论，随着父代工作地点越来越远，子代教育水平向上流动的可能性越来越小，这个结论后面会通过计量模型进一步进行验证。

表5-4　代际教育流动差异（按照性别分组）

性别		向下流动	保持不变	向上流动	全部
女	观测值	259	565	850	1674
	占本组比（%）	15.47	33.75	50.78	100
	占全部比（%）	3.180	6.930	10.43	20.53
男	观测值	1036	2547	2895	6478
	占本组比（%）	15.99	39.32	44.69	100
	占全部比（%）	12.71	31.24	35.51	79.47
全部	观测值	1295	3112	3745	8152
	占全部比（%）	15.89	38.17	45.94	100

表 5 - 5　代际教育流动差异（按照父代工作地点分组）

父代工作地点		向下流动	保持不变	向上流动	全部
本地	观测值	434	997	1117	2548
	占本组比（%）	17.03	39.13	43.84	100
	占全部比（%）	8.200	18.83	21.10	48.12
本县	观测值	147	258	217	622
	占本组比（%）	23.63	41.48	34.89	100
	占全部比（%）	2.780	4.870	4.100	11.75
本市	观测值	112	243	199	554
	占本组比（%）	20.22	43.86	35.92	100
	占全部比（%）	2.120	4.590	3.760	10.46
本省	观测值	109	203	184	496
	占本组比（%）	21.98	40.93	37.10	100
	占全部比（%）	2.05	3.83	3.48	9.36
省外	观测值	214	509	352	1075
	占本组比（%）	19.91	47.35	32.74	100
	占全部比（%）	4.040	9.610	6.650	20.30
全部	观测值	1016	2210	2069	5295
	占全部比（%）	19.19	41.74	39.07	100

　　表 5 - 6 则呈现按照村庄距离县城远近分组子代教育水平的流动情况。近城村子代相对父代教育水平向上流动占比为 48.31%，高于远城村的比例 43.57%。近城村子代相对父代教育水平向下流动占比为 14.52%，低于远城村的比例 17.25%。这表明，随着村庄离县城越来越远，子代教育水平相对于父代会向下流动。

表5-6　代际教育流动差异（按照村庄距离县城远近分组）

距离县城		向下流动	保持不变	向上流动	全部
近城村	观测值	592	1515	1969	4076
	占本组比(%)	14.52	37.17	48.31	100
	占全部比(%)	7.260	18.58	24.15	50
远城村	观测值	703	1597	1776	4076
	占本组比(%)	17.25	39.18	43.57	100
	占全部比(%)	8.620	19.59	21.79	50
全部	观测值	1295	3112	3745	8152
	占全部比(%)	15.89	38.17	45.94	100

三　实证结果分析

（一）父代是否外出务工对教育的代际流动的影响

表5-7呈现父代是否外出务工（*Fwork*）对子代教育水平流动的影响的实证结果。表5-7模型1只加入变量*Fwork*，模型2加入个人控制变量，模型3进一步加入家庭控制变量，模型4进一步加入村庄控制变量。我们发现，*Fwork*的系数在所有模型中均在1%的水平上显著为负，这意味着如果父代外出务工的话，会显著降低子代教育水平向上流动的概率。根据维果斯基的社会学习理论，儿童与父母的交往对于儿童的教育认知发展十分重要（Vygotskiĭ et al.，2012），张茜洋等（2017）利用中国流动儿童的数据研究也表明，父亲

情感温暖与理解在对儿童元认知中起到的效应量达到30%，家庭父母与孩子之间的互动、交流会对孩子的认知教育产生重要影响。而如果父代外出务工，必然减少与儿童的互动交流，不利于孩子教育水平的提升。

表5-7　父代是否外出务工对子代教育流动的影响实证结果

变量	模型1	模型2	模型3	模型4
Fwork	-0.398*** (-7.768)	-0.382*** (-6.327)	-0.463*** (-7.141)	-0.438*** (-6.536)
gender		-0.509*** (-7.753)	-0.450*** (-5.970)	-0.424*** (-5.413)
age		0.024*** (9.318)	0.024*** (8.121)	0.025*** (8.242)
army		-0.007 (-0.171)	0.027 (0.610)	0.043 (0.942)
ln*wage*		0.124*** (6.479)	0.102*** (4.872)	0.107*** (5.049)
fedu			-0.502*** (-35.956)	-0.585*** (-34.771)
ln*households*			-0.238*** (-4.655)	-0.262*** (-4.954)
ln*hpincome*			0.124*** (3.579)	0.136*** (3.846)
ln*land*			-0.019 (-0.560)	-0.007 (-0.180)
dist_town				-0.008** (-2.205)
dist_city				0.002** (2.037)

续表

变量	模型1	模型2	模型3	模型4
ifschool				0.093 (1.631)
*cut*1	-1.986*** (-38.558)	-0.371 (-1.580)	0.278 (0.703)	0.533 (1.284)
*cut*2	-0.147*** (-3.202)	1.494*** (6.347)	2.166*** (5.460)	2.444*** (5.874)
观测值	8152	6457	5209	4884
似然值	-8.3e+03	-6.4e+03	-5.2e+03	-4.9e+03

注：①＊、＊＊、＊＊＊分别表示双尾检验的10%、5%和1%的显著性水平；②括号内为t值；③*cut*1、*cut*2为切点的估计值，后同。

表5-8进一步呈现各变量对子代教育水平流动的边际效应。根据表5-8，如果父代外出务工，子代教育水平向下流动的概率会提高5.7个百分点，向上流动的概率会降低10.5个百分点。相比于女性，男性子代教育水平向下流动的概率会提高5.5个百分点，向上流动的概率会降低10.1个百分点。年龄每增加1岁，教育水平向下流动的概率降低0.3个百分点，向上流动的概率提高0.6个百分点。工资收入的对数每增加1个单位，教育水平向下流动的概率降低1.4个百分点，向上流动的概率提高2.6个百分点。父代教育水平对子代教育流动的影响在1%水平上显著为负，意味着父代教育水平越高，子代教育水平向上流动的概率越低。这不难理解，因为父代教育水平越高，子代教育水平超过父代教育水

平的概率也会越低。① 家庭常住人口数也会显著影响子代教育水平的流动情况，家庭常住人口数每增加 1%，子代教育水平向下流动的概率增加 3.4 个百分点，向上流动的概率降低 6.2 个百分点。家庭人均收入的系数也在 1% 水平上高度显著，家庭人均收入每增加 1%，子代教育水平向下流动的概率降低 1.8 个百分点，向上流动的概率提高 3.3 个百分点。距离县城的时间也显著影响子代教育水平的流动，距离县城的时间每增加 1 分钟，子代教育水平向下流动的概率提高 0.1 个百分点，向上流动的概率降低 0.2 个百分点。距离最近地市的时间的系数在 10% 的水平上显著，距离最近城市的时间每增加 1 分钟，子代教育水平向下流动的概率降低 0.02 个百分点，向上流动的概率提高 0.04 个百分点。个体是否参军、承包地的亩数以及村庄是否有小学对子代教育水平的流动没有显著影响。

表 5 - 8　子代教育流动的影响因素的边际效应

变量		dy/dx	标准误	t 值	95% 置信区间	
Fwork	向下流动	0.057 ***	0.009	6.46	0.039	0.074
	保持不变	0.048 ***	0.007	6.57	0.034	0.062
	向上流动	− 0.105 ***	0.016	− 6.64	− 0.136	− 0.074
gender	向下流动	0.055 ***	0.010	5.39	0.035	0.075
	保持不变	0.046 ***	0.009	5.42	0.030	0.063
	向上流动	− 0.101 ***	0.019	− 5.47	− 0.138	− 0.065

① 此处需要说明的是，此处的被解释变量是子代相对于父代教育流动情况，而不是子代的教育水平。父代教育水平的提高有助于子代教育水平的提高，但这并不能说明子代的教育水平会超过父代，实际上，随着父代教育水平的提高，子代超过父代教育水平的概率是降低的。

续表

变量		dy/dx	标准误	t 值	95% 置信区间	
age	向下流动	− 0. 003 ***	0. 000	− 8. 14	− 0. 004	− 0. 002
	保持不变	− 0. 003 ***	0. 000	− 8. 21	− 0. 003	− 0. 002
	向上流动	0. 006 ***	0. 001	8. 42	0. 005	0. 007
lnwage	向下流动	− 0. 014 ***	0. 003	− 5. 03	− 0. 019	− 0. 008
	保持不变	− 0. 012 ***	0. 002	− 5. 03	− 0. 016	− 0. 007
	向上流动	0. 026 ***	0. 005	5. 09	0. 016	0. 036
fedu	向下流动	0. 061 ***	0. 002	34. 68	0. 058	0. 064
	保持不变	0. 035 ***	0. 001	23. 78	0. 032	0. 038
	向上流动	− 0. 097 ***	0. 002	− 54. 67	− 0. 100	− 0. 093
lnhous-eholds	向下流动	0. 034 ***	0. 007	4. 89	0. 020	0. 047
	保持不变	0. 029 ***	0. 006	4. 92	0. 017	0. 040
	向上流动	− 0. 062 ***	0. 013	− 4. 96	− 0. 087	− 0. 038
lnhpin-come	向下流动	− 0. 018 ***	0. 005	− 3. 83	− 0. 027	− 0. 009
	保持不变	− 0. 015 ***	0. 004	− 3. 84	− 0. 023	− 0. 007
	向上流动	0. 033 ***	0. 008	3. 86	0. 016	0. 049
dist_town	向下流动	0. 001 **	0. 000	2. 21	0. 000	0. 002
	保持不变	0. 001 **	0. 000	2. 22	0. 000	0. 002
	向上流动	− 0. 002 **	0. 001	− 2. 22	− 0. 003	0. 000
dist_city	向下流动	− 0. 0002 *	0. 000	− 2. 04	− 0. 001	0. 000
	保持不变	− 0. 0002 *	0. 000	− 2. 04	0. 000	0. 000
	向上流动	0. 0004 *	0. 000	2. 04	0. 000	0. 001

注：*、**、*** 分别表示双尾检验的 10%、5% 和 1% 的显著性水平。

表 5 - 9 显示了在样本期内不同年份子代教育水平流动情况。2017 年，子代教育水平向下流动的概率为 11.9%，向上流动的概率为 51.7%，而到 2019 年，子代教育水平向下流动的概率提高到 19.9%，向上流动的概率降低到 36.8%。说

明从时间角度来看，在样本期内，子代教育水平向上流动的概率在逐年下降，而向下流动的概率水平在逐步提升。

表 5 - 9 样本期内子代教育水平流动的概率

年份	向下流动	保持不变	向上流动
2017	0.119	0.364	0.517
2018	0.165	0.412	0.423
2019	0.199	0.433	0.368

表 5 - 10 则进一步呈现父代是否外出务工与性别对子代教育水平流动的交互作用。我们可以看到，父代外出务工会提高子代教育水平向下流动的概率，降低向上流动的概率。具体来说，父代外出务工对儿子教育水平下降的影响要高于女儿，其中，女儿教育水平向上流动的概率比儿子高 10.5 个百分点，向下流动的概率比儿子低 5.3 个百分点。

表 5 - 10 父代是否外出务工与性别对子代教育水平流动的交互作用

父代是否外出务工	子代性别	向下流动	保持不变	向上流动
否	女	0.081	0.293	0.626
	男	0.119	0.358	0.523
	差异	- 0.038	- 0.065	0.103
是	女	0.120	0.360	0.519
	男	0.173	0.413	0.414
	差异	- 0.053	- 0.053	0.105

　　图 5 - 1 绘制了子代个体的年龄、家庭人均收入、家庭常住人口数和距离县城的时间等因素对教育水平流动的影响。图 5 - 1（a）显示，随着被调查者年龄的增加，调查对象的教育水平向下流动和保持不变的概率基本呈现下降趋势，教育水平向上流动的概率在不断提升，15 岁时调查对象教育水平向上流动的概率为 38%，至 65 岁时，教育水平向上流动的概率提高到 70% 左右。在 25 岁以前，子代教育水平保持不变的概率高于向上流动的概率，25 岁以后，随着年龄的增长，教育水平向上流动的概率高过保持不变和向下流动的概率。图 5 - 1（b）呈现家庭人均收入对子代教育水平流动的影响。首先，从整体来看，随着家庭人均收入的增加，子代教育水平向上流动的概率逐步提高，向下流动的概率逐步变小，保持不变的概率先平稳变化，随后下降。具体来说，家庭人均收入 3000 元是一个分界点，在 3000 元以前，教育流动保持不变的概率高于向上流动的概率，高于向下流动的概率。家庭人均收入超过 3000 元①，子代教育水平向上流动的概率超过保持不变的概率，高于向下流动的概率。图 5 - 1（c）呈现家庭常住人口数对子代教育水平流动的影响，整体来看，子代教育水平向上流动的概率随着家庭常住人口数的增加而不断减小，向下流动和保持不变的概率随着家庭人口数的增加而呈现增加的趋势。图 5 - 1（d）呈现的是村庄距

---

　　①　因为图 5 - 1（b）显示的是家庭人均收入的对数，所以换算成收入，e^8 约为 3000 元。

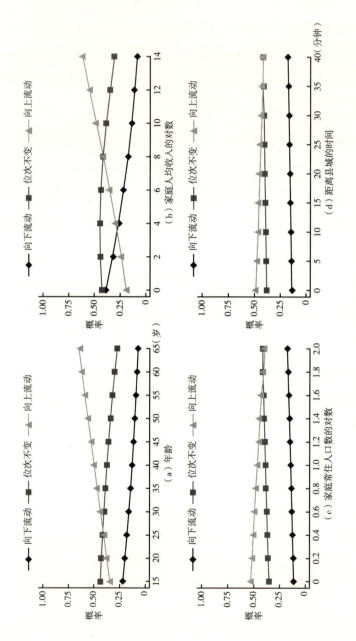

图 5 - 1　预测概率分析

离县城的时间对子代教育水平流动的影响，可以看到，村庄距离县城的时间长，子代教育水平向上流动的概率下降，保持不变和向下流动的概率逐步增加。

（二）父代就业空间对代际教育流动的影响

表 5 - 11 进一步呈现父代教育水平对子代教育水平流动的影响。父代的工作地点分为五类：本地、本县、本市、本省和省外，这里将本地作为基准组，其他地方设置 0 和 1 虚拟变量。① 模型 1 没有加入控制变量，模型 2 加入调查者个人特征因素，模型 3 加入家庭特征因素，模型 4 加入村庄特征因素，模型 5 进一步加入年份效应。可以发现，$D\_Fworkplace$ 变量在所有模型中均在 10% 水平上高度显著，且均为负值，这意味着相对于父代在本地工作的被调查者，父代在外地工作的被调查者的教育水平会向下流动。具体来说，父代在省外工作的子代教育水平向下流动的概率最大，其次是在本市工作，然后是在本省工作，父代在本县工作的子女教育向下流动的概率最小。总体而言，父代在务工地点较远的地区工作，其子女教育水平向上流动的概率低于父代在务工地点较近的地区工作。

---

① 如果父代在本县工作，则 $D\_Fworkplace2 = 1$，否则等于 0；如果父代在本市工作，则 $D\_Fworkplac3 = 1$，否则等于 0；如果父代在本省工作，则 $D\_Fworkplace4 = 1$，否则等于 0；如果父代在省外工作，则 $D\_Fworkplace5 = 1$，否则等于 0。

表 5 – 11　父代工作地点对子代教育水平流动的影响

变量	模型 1	模型 2	模型 3	模型 4	模型 5
D_Fworkplace2	−0.198 *** (−4.738)	−0.181 *** (−4.054)	−0.202 *** (−4.686)	−0.244 *** (−3.842)	−0.271 *** (−3.186)
D_Fworkplace3	−0.293 *** (−3.354)	−0.299 *** (−3.041)	−0.458 *** (−3.999)	−0.436 *** (−3.637)	−0.432 *** (−3.598)
D_Fworkplace4	−0.352 ** (−2.413)	−0.465 *** (−2.955)	−0.427 ** (−2.464)	−0.350 * (−1.898)	−0.344 * (−1.865)
D_Fworkplace5	−0.371 *** (−5.503)	−0.340 *** (−4.357)	−0.471 *** (−5.307)	−0.514 *** (−5.587)	−0.473 *** (−5.090)
gender		−0.679 *** (−8.746)	−0.588 *** (−6.626)	−0.579 *** (−6.231)	−0.568 *** (−6.087)
age		−0.000 (−0.051)	0.001 (0.269)	0.002 (0.406)	0.004 (0.994)
army		0.024 (0.477)	0.050 (0.916)	0.076 (1.326)	0.132 ** (2.267)
lnwage		0.144 *** (5.825)	0.119 *** (4.467)	0.125 *** (4.630)	0.124 *** (4.528)
fedu			−0.596 *** (−28.808)	−0.596 *** (−27.334)	−0.599 *** (−27.336)
lnhouseholds			−0.254 *** (−3.989)	−0.304 *** (−4.562)	−0.323 *** (−4.819)
lnhpincome			0.108 ** (2.367)	0.117 ** (2.494)	0.179 *** (3.697)
lnland			0.064 (1.509)	0.083 * (1.815)	0.076 (1.627)
dist_town				−0.010 ** (−2.333)	−0.006 (−1.345)
dist_city				0.002 * (1.904)	−0.001 (−0.738)

变量	模型 1	模型 2	模型 3	模型 4	模型 5
ifschool				0.118 (1.643)	−0.034 (−0.448)
*cut*1	−1.630*** (−35.869)	−0.746** (−2.573)	−0.104 (−0.203)	0.055 (0.103)	0.201 (0.366)
*cut*2	0.265*** (6.871)	1.157*** (3.983)	1.830*** (3.581)	2.017*** (3.728)	2.192*** (3.975)
年度效应	NO	NO	NO	NO	YES
观测值	5295	4197	3386	3136	3136
似然值	−5.5e+03	−4.3e+03	−3.5e+03	−3.2e+03	−3.2e+03

注：①*、**、***分别表示双尾检验的 10%、5% 和 1% 的显著性水平；②括号内为 t 值。

（三）分组回归

1. 按照村庄区位分组

下面我们将样本按照村庄距离县城中位数，进一步分为近城地区、远城地区两组，控制个人特征因素、家庭特征因素和村庄特征因素，进一步探讨父代外出务工对子代教育流动的影响。从表 5-12 模型 1 和模型 2 可以发现，总体上，近城地区村庄父代外出务工对子代教育向下流动的影响要远远小于远城地区村庄。究其原因，可能是因为近城地区村庄有相对较好的初始资源禀赋和教育环境，子代在初始教育选择上占据一定的优势，所以即使在父代外出务工的条件下，子代也有机会继续学习，从而在一定程度上缓解了对子代教育水平向下流动的影响，解雨巷、解垩（2019）从职业代际流动的角度也得到了类似结论，他们的研究表明，城市被调查者相对于农村被调查者，职业地位向上流动的优势作用更大。笔者的研究也表明，促进公共资源在不同地区公平分配，打破户籍制度导致的教育不平等，可以在一定程度上缓解教育的代际流动问题，从而改善阶层固化，减弱教育不平等程度。

2. 按照家庭收入分组

模型3和模型4则按照家庭人均收入的中位数将样本组分为低收入和高收入两组，分别考察在不同收入家庭父代外出务工对子代教育水平的影响。根据回归结果，高收入家庭的父代外出务工对子代教育水平的负向影响要小于低收入家庭。这可能是因为，高收入家庭可以为子代提供相对更为优越的学习环境和学习条件，从而减弱父代外出务工对子代教育水平向下流动的影响。另外，根据 Mein 及 Fernyhough（1999）及 Pappas 等（2003）的研究，家庭社会地位会影响孩子与父母的依恋方式，高收入家庭会增加父代与子代之间思想交流的频率与质量，所以在一定程度上会弱化父代外出对子代教育负向流动的影响。

表5-12　父代外出务工对子代教育流动的影响
（按照村庄区位和家庭收入分组）

变量	村庄区位异质性		家庭收入异质性	
	模型1 近城村庄	模型2 远城村庄	模型3 低收入	模型4 高收入
Fwork	-0.210** (-2.031)	-0.631*** (-7.059)	-0.462*** (-4.829)	-0.436*** (-4.628)

续表

变量	村庄区位异质性		家庭收入异质性	
	模型1 近城村庄	模型2 远城村庄	模型3 低收入	模型4 高收入
gender	-0.408 *** (-3.754)	-0.436 *** (-3.832)	-0.498 *** (-4.865)	-0.342 *** (-2.813)
age	0.030 *** (6.224)	0.023 *** (5.772)	0.029 *** (6.875)	0.021 *** (4.596)
army	0.021 (0.305)	0.031 (0.504)	0.056 (0.795)	-0.000 (-0.003)
lnwage	0.107 *** (3.453)	0.107 *** (3.616)	0.107 *** (2.751)	0.091 *** (3.497)
fedu	-0.527 *** (-21.479)	-0.643 *** (-27.441)	-0.670 *** (-25.254)	-0.532 *** (-24.156)
lnhouseholds	-0.249 *** (-3.064)	-0.311 *** (-4.326)	-0.209 *** (-2.915)	-0.226 *** (-2.674)
lnhpincome	0.113 ** (2.506)	0.164 *** (2.807)	0.448 *** (4.405)	0.003 (0.051)
lnland	-0.172 *** (-3.039)	0.163 *** (3.179)	-0.035 (-0.780)	-0.011 (-0.180)
dist_city	0.003 ** (2.190)	0.002 * (1.733)	0.001 (0.981)	0.001 (0.909)
cut1	0.458 (0.796)	0.927 (1.478)	3.657 *** (3.462)	-0.802 (-1.394)
cut2	2.371 *** (4.109)	2.856 *** (4.539)	5.599 *** (5.287)	1.080 * (1.875)
年度效应	YES	YES	YES	YES
观测值	2130.000	2754.000	2693.000	2191.000
似然值	-2.1e+03	-2.8e+03	-2.6e+03	-2.2e+03

注：①*、**、***分别表示双尾检验的10%、5%和1%的显著性水平；②括号内为t值。

3. 按照子代出生年代分组

考虑到中国正处于转型期，不同时期社会结构的时代特征差异较大，父代和子代的教育环境和教育背景也有很大的不同，因此，考虑时代变迁背景下教育水平的代际流动问题具有重要的现实意义。鉴于此，我们将样本组按照子代出生年份分为"1979 年以前"、"1980～1989 年"、"1990～1999 年"和"2000 年至今"四个出生队列，表 5－13 呈现不同出生队列的子代对应父代外出务工对其教育水平流动的影响。我们发现，父代外出务工对 1980 年代出生的子代负向影响最大，且系数在 1%水平上高度显著，其次是 2000 年以后出生的队列，第三是 1979年以前出生的队列，对 1990 年代出生的子代影响不显著。

表 5－13　父代外出务工对子代教育流动的影响
（按照子代出生年代分组）

变量	模型 1 1979 年以前	模型 2 1980～1989 年	模型 3 1990～1999 年	模型 4 2000 年至今
Fwork	−0.210 ** （−2.031）	−0.631 *** （−7.059）	−0.111 （−0.399）	−0.649 *** （−4.121）
gender	−0.408 *** （−3.754）	−0.436 *** （−3.832）	0.537 （1.225）	0.373 （1.634）
age	0.030 *** （6.224）	0.023 *** （5.772）	0.035 （1.622）	−0.006 （−0.261）
army	0.021 （0.305）	0.031 （0.504）	0.064 （0.281）	0.106 （0.986）
lnwage	0.107 *** （3.453）	0.107 *** （3.616）	0.136 *** （3.467）	0.062 （1.314）

续表

变量	模型 1 1979 年以前	模型 2 1980～1989 年	模型 3 1990～1999 年	模型 4 2000 年至今
fedu	-0.527 *** (-21.479)	-0.643 *** (-27.441)	-0.531 *** (-10.053)	-0.801 *** (-16.955)
ln*households*	-0.249 *** (-3.064)	-0.311 *** (-4.326)	-0.240 (-1.184)	-0.120 (-0.975)
ln*hpincome*	0.113 ** (2.506)	0.164 *** (2.807)	0.213 (1.628)	0.027 (0.304)
ln*land*	-0.172 *** (-3.039)	0.163 *** (3.179)	0.254 * (1.711)	-0.120 (-1.389)
dist_city	0.003 ** (2.190)	0.002 * (1.733)	-0.000 (-0.021)	0.005 ** (2.407)
*cut*1	0.458 (0.796)	0.927 (1.478)	3.448 * (1.892)	-1.289 (-0.971)
*cut*2	2.371 *** (4.109)	2.856 *** (4.539)	5.101 *** (2.781)	0.402 (0.303)
年度效应	YES	YES	YES	YES
观测值	2130.000	2754.000	331.000	878.000
似然值	-2.1e+03	-2.8e+03	-280.276	-859.509

注：①*、**、*** 分别表示双尾检验的 10%、5% 和 1% 的显著性水平；②括号内为 t 值。

四 本章小结

本章利用河南大学"百县千村"入户调查之"整村调查"项目样本数据，分析了农村劳动力非农就业的代际教育流动。简单的统计性描述发现，在样本期内，代际教育流动

的性别差异明显，女性组教育水平向上流动的比例为
50.78%，要高于男性组教育水平向上流动的比例
（44.69%）。如果父代在本地工作，子代教育水平向上流动
的比例最高，达到43.84%，在省外工作的父代，子代教育
水平向上流动的比例最低，仅为32.74%。距离县城较近的
村庄，子代教育水平向上流动的比例（48.31%）要高于远
县城的村庄（43.57%）。

本章采用有序 Logit 模型实证研究发现，父代外出务工会
降低子代教育水平向上流动的概率，具体来说，如果父代外
出，子代教育水平向下流动的概率会提高5.7个百分点，向
上流动的概率会降低10.5个百分点。在逐步加入个人特征因
素、家庭特征因素和村庄特征因素后，该变量依然显著为
负，庞大农民工群体代际教育大概率负向流动，预示存在着
社会阶层固化甚至进一步分化的堪忧前景。根据官方统计公
报的数据，2019年末，我国流动人口多达2.36亿人[①]，这是
一个很大的群体，这么大群体中的下一代教育水平呈负向流
动，意味着未来这个群体的社会阶层地位还会存在进一步向
下分化的潜在风险。而且我们的研究表明，父代的工作地点
也会对子代的教育流动产生显著影响，父代在省外工作的子

---

① 按照国家统计局发布的《中华人民共和国 2019 年国民经济和社会发展统计公
报》注释9 的解释，"人户分离的人口是指居住地与户口登记地所在的乡镇街
道不一致且离开户口登记地半年及以上的人口"。按照上述公报注释 10 的解
释，"流动人口是指人户分离人口中扣除市辖区内人户分离的人口。市辖区内
人户分离的人口是指一个直辖市或地级市所辖区内和区与区之间，居住地和户
口登记地不在同一乡镇街道的人口"。

女教育水平向下流动的概率最大，其次是在本市和本县工作，在本地工作的父代子女教育水平向下流动的概率最低。根据第四章统计分析的结论，年轻男性是省外远距离务工的主体。年轻务工者代际教育的负向流动，意味着这一趋势会持续更长时间，遏制负向流动所需的努力要更持久。而且省外远距离务工群体又以初中学历者居多，高中及大专以上学历者多集中于省城或省内中心城市就业。考虑到代际教育负向流动的概率与就业距离正相关这一特点，那就意味着远距离就业低学历群体代际教育负向流动的结果更让人忧虑。本章最后分析了家庭异质性对子代教育流动的影响。村庄区位会对子代教育水平的代际流动产生显著影响，距离县城较近的村庄，父代外出务工对子代的教育代际流动影响相对较小，距离县城较远的村庄，父代外出务工对子代的教育代际流动影响相对较大。家庭人均收入也会影响子代教育水平的代际流动，人均收入高的家庭父代外出务工对子代的教育代际流动影响相对较小，人均收入低的家庭父代外出务工对子代的教育代际流动影响相对较大。

第六章　农村劳动力非农就业
与职业地位的代际流动

　　第五章分析了父代外出务工和就业空间对子代教育水平流动的影响，本章则进一步从职业地位的代际流动角度，分析父代外出务工和就业空间对子代的影响。综观已有文献，现有关于农村劳动力非农就业对职业地位代际流动的影响因素研究不多，农村劳动力非农就业究竟会对职业地位的代际流动产生怎样的影响？个体就业空间的差异是否会影响职业地位的代际流动？这些问题至今尚未定论，而且现有研究很少关注中部地区。与本研究最为相近的是邢春冰（2006）对中国农村地区非农就业机会的影响研究，但该文使用的是20世纪90年代数据，数据较旧。而近年来，随着中国工业化和城镇化的快速推进，中国农村劳动力的非农就业日趋活跃，非农就业人口大规模快速增长，无论是职业类型还是职业结构，与20世纪90年代相比都产生了非常大的变化。此外，该文并未研究父代就业空间对子代职业地位的影响。鉴于此，本章继续使用河南大学"百县千村"入户调查之"整村调查"样本数据，对农村地区父代非农就业如何影响子代职业地位流动进行研究，并进一步考察父代就业空间的差异对子代职业地位所可能产生的影响。

一 理论模型的构建

我们在 Munshi（2011）、邵宜航和张朝阳（2016）的理论模型基础上，考虑父代外出务工对职业地位代际流动的影响。我们首先考虑在父代没有外出务工的条件下，代际职业地位流动作为本章的参考标准，其次进一步引入父代外出务工情况下的代际职业地位流动情况，最后对二者进行比较分析。

本章假设社会中存在三大职业阶层：D、B 和 A，其中 D 对应高等职业地位，B 代表中等职业地位，A 代表低等职业地位，即 A 职业阶层低于 B 职业阶层，B 职业阶层低于 D 职业阶层。假设位于任一职业阶层的个体 i 的能力 a_i 服从 0 到 1 上的均匀分布。r_m 是 m 阶层中单位能力的报酬，并满足 $r_A < r_B < r_D$。所以，具有能力 a_i 的个体进入 m 阶层所能获取的效用 $U_i = r_m a_i$。考虑到阶层的流动存在障碍，如果个体向上一职业地位跨越，则需要更多的人力资本投入，我们用 C_{nm} 表示从 n 阶层流动到 m 阶层所需要付出的努力或者成本。

如果职业地位向下流动，那么地位的下降会给个人带来效用的损失，我们假定子代与父代职业地位相同时，可以通过学习继承来自父代的技术或知识等背景资源来降低阶层转移的成本，为了分析的方便，我们这里假设子代如果与父代是同一阶层的话，不需要付出额外的成本，而且由于我们假设了子代可以继承和利用父代的资源，所以，不会出现职业地位向下流动的情况，我们的研究重点更关注代际职业地位的向上流动。考虑到个体在不同阶层流动的障碍可能并不相同，一般而言，越向上流动，所付出的成本和努力也越大，所以我们假设 $C_{BD} > C_{AB}$，而且我们假设从 A 阶层到 D 阶层的成本等于从 A 阶层到 B 阶层的成本加上从 B 阶层到 D 阶层的成本，也就是 $C_{AD} = C_{AB} + C_{BD}$。

（一）不考虑父代外出的向上流动均衡

在前文假设情况下，对于某个个体 i，能力为 a_i，所在家庭的职业背景为 A 阶层，当满足 $r_B a_i - r_A a_i \geq C_{AB}$ 时，个体 i 会倾向于选择 B 职业地位而不选择 A 职业地位，也即在个体能力满足 $a_i \geq \dfrac{C_{AB}}{r_B - r_A} = \underline{a}_B$ 时，相对于父代处于 A 职业地位，个体 i 更倾向于花更多的努力进入 B 阶层。我们定义 $\underline{a}_B$ 为职业地位 A 与 B 之间的能力分界点，根据上式我们可以看出，个体在进行阶层选择时取决于对所付出努力与所获取收益之间的对比，如果所付出的成本高于获取的收益，则倾向于留在本阶层，否则，则会努力进入更高阶层。

按照同样的分析思路，我们可以得到家庭职业地位为 A 阶层、个体能力为 a_i 的个体在其能力满足 $a_i \geqslant \dfrac{C_{AD}}{r_D - r_A} = \underline{a}_D$ 时，个体 i 会愿意付出更多的努力和成本，超越父代所在 A 阶层，进入 D 阶层，我们这里定义 $\underline{a}_D$ 为职业地位 A 与 D 之间的能力分界点。一般而言，处于同一家庭环境的个体，能够进入 D 阶层的个体的能力 $\underline{a}_D$，会高于进入 B 阶层的个体的能力 $\underline{a}_B$，也即 $\underline{a}_D > \underline{a}_B$。

还有一个值得考虑的问题是，对于父代所处阶层为 A、能力为 a_i 的个体，在阶层 B 和阶层 D 之间该如何选择呢？根据前面的分析，个体 i 在进行阶层选择时，更多是取决于所付出的能力与成本之间的比较，从 A 阶层流动到 B 阶层的净效用为 $a_i r_B - C_{AB}$，从 A 阶层流动到 D 阶层的净效用为 $a_i r_D - C_{AD}$，在满足 $a_i r_D - C_{AD} > a_i r_B - C_{AB}$ 时，流动到 D 阶层的净效用大于流入 B 阶层的净效用，此时个体 i 会直接向 D 阶层流动，也即能力 $a_i \geqslant \dfrac{C_{AD} - C_{AB}}{r_D - r_B} = \underline{a}_{AD}$ 时，个体会选择进入 D 阶层。同理，我们可以得到能力为 a_i、父代处于 B 阶层的个体在个人能力 $a_i \geqslant \dfrac{C_{BD}}{r_D - r_B} = \underline{a}_{BD}$ 时，个体 i 会通过努力进入 D 阶层。

由前面的假设 $\underline{a}_D > \underline{a}_B$，我们可以得到 $\dfrac{C_{AD}}{C_{AB}} > \dfrac{r_D - r_A}{r_B - r_A}$，因 $C_{AD} = A_{AB} + C_{BD}$，所以我们可以得到 $\dfrac{C_{AB} + C_{BD}}{C_{AB}} >$

$\dfrac{r_D - r_B + r_B - r_A}{r_B - r_A}$，进而得到 $\dfrac{C_{BD}}{C_{AB}} > \dfrac{r_D - r_B}{r_B - r_A}$，该式子的经济含义是，梯次向上流动的成本之比必须大于单位能力的收益增值之比。

在上述条件下，我们可以得到阶层流动的能力分界点之间的关系满足：

$$\underline{a}_B < \underline{a}_D < \underline{a}_{AD} = \underline{a}_{BD}$$

根据上式，我们可以得到在父代没有外出务工的条件下，职业地位向上流动的均衡，即父代处于 A 阶层的子代职业地位按照如下模式进行流动：当个体能力 $a_i \in [0, \underline{a}_B]$ 时，将继续与父代的阶层保持一致，持续留在 A 阶层；当个体能力 $a_i \in [\underline{a}_B, \underline{a}_{AD}]$ 时，将付出足够的成本选择向上流动到阶层 B；当个体能力 $a_i \in [\underline{a}_{AD}, 1]$ 时，会通过自己的努力向上流动到阶层 D。

（二）父代外出务工时子代职业地位的代际流动分析

父代外出务工可以获取比纯农业工作更高的收入，为子女提供更好的教育资源和教育环境，聘请更专业的指导教师，也可以为子女提供更多的就业信息资源。但与此同时，父代外出务工降低了陪伴子女的时间，无论是交流的频次还是交流的质量都因此而受到影响，正如 Becker（1991）所言，家庭对子女的投资不仅包括物质投入，还包括时间投入，父母在育儿上的时间投入也是家庭的一项重要的代际转移投资，这种时间的投入有利于子代未来的职业成长。我们

用 R_m^j 表示关系群体 j 可以进入 m 阶层父代外出务工可以带来的成本减少量，R_m^j 是父代工资收入（w）和陪伴子女时间（t）的函数 $R_m^j = R_m^j$（w，t），且 $\delta R/\delta w > 0$，$\delta R/\delta t > 0$。

现在父代外出务工且父代的职业地位为 A 的个体，在满足 $r_B a_i^j - C_{AB} + R_B^j \geqslant r_A a_i^j$ 时，个体 i 会更倾向于付出更多的努力从阶层 A 进入阶层 B。也就是说，当其个人能力满足如下条件时选择 B 阶层会优于选择 A 阶层：

$$a_i^j \geqslant \frac{C_{AB} - R_B^j}{r_B - r_A} = \underline{a}_B^j \qquad (1)$$

其中 $\underline{a}_B^j$ 表示务工群体 j 中父代职业地位为 A 的个体在阶层 A 和阶层 B 之间进行选择的临界值，我们可以看到，父代外出务工收入增加，会导致 R_B^j 变大，这意味着个体从 A 流动到 B 需要更低的能力水平。父代外出务工陪伴子女的时间减少，会导致 R_B^j 减少，这意味着个体从 A 流动到 B 需要更高的能力水平。

同理，我们可以求出务工群体 j 中父代职业地位为 A 的个体，在选择 A 阶层和 D 阶层的临界值：

$$a_D^j \equiv \frac{C_{AD} - R_D^j}{r_D - r_A} \qquad (2)$$

$$a_{AD}^j \equiv \frac{C_{AD} - C_{AB} + R_B^j - R_D^j}{r_D - r_B} \qquad (3)$$

结合（1）～（3）式，在父代外出务工获取的收入占主导作用时，我们可以得到 $a_B^j < a_D^j < a_{AD}^j$。进一步，我们可以分

析得到在父代外出务工的条件下，职业地位向上流动的均衡，即父代处于 A 阶层的子代职业地位按照如下模式进行流动：当个体能力 $a_i^j \in [0, a_B^j]$ 时，将继续与父代的阶层保持一致，持续留在 A 阶层；当个体能力 $a_j \in [a_{AD}^j, 1]$ 时，将付出足够的成本选择向上流动到阶层 B；当个体能力 $a_i \in [a_{AD}^j, 1]$ 时，会通过自己的努力向上流动到阶层 D。反之，如果父代外出务工对子女陪伴时间减少超过收入带来的收益时，$a_B^j > a_D^j > a_{AD}^j$。

二 计量模型设定与数据处理

（一）回归模型设定

根据前面的探讨，职业地位的代际流动除了受到本书重点分析的父代是否外出务工的影响以外，还受到自身能力、家庭环境的影响，为此，本研究借鉴邵宜航和张朝阳（2016）等的研究方法，通过构建如下计量模型分析父代非农就业如何影响子代职业地位流动：

$$EgpFlow_{it} = \alpha_0 + \alpha_1 Fwork_{it} + \lambda_i X_{it} + \varepsilon_{it} \qquad (4)$$

其中，$EgpFlow_{it}$ 表示 t 年第 i 个子代个体的职业地位流动情况，该变量取值 -1、0 和 1。$Fwork_{it}$ 表示父代是否外出进行非农就业，如果父代外出进行非农就业，则取值 1，否则取值 0。X 表示控制变量，包括个人特征控制变量、家庭特征控制变量和所在村庄特征控制变量。ε_{it} 表示随机误差项。由于被解释变量是有序分类变量，所以本研究选择有序 Logit 方法对式（4）和式（1）进行估计。在该模型中，系数 a_1 是本研究关注的核心待估参数。

（二）数据来源和处理过程

本章的数据同样来自河南大学"百县千村"入户调查之"整村调查"样本数据。由于该调查是截面数据，本章采用将这 3 轮调查进行混合拼接的方式，组成混合截面数据。这样做的好处是不仅利用时间的交错获得了不同出生年代子代的信息，而且显著地增大了样本量，使研究结果更接近大样本统计特征。样本选择的处理过程如下。首先，将家庭关系数据和个人数据进行匹配，将子代观测样本与父代务工情况进行匹配；其次，对样本进行筛选，剔除在读学生个体，删除样本中 15 岁以下的个体；最后，删除父代职业地位或子代职业地位缺失的个体，最终样本量为 8179 个。相关变量的描述性统计见表 6 -1。

表 6 -1　主要变量的描述性统计

变量名称	变量含义	样本数	均值	标准差	最小值	最大值
egp	职业地位等级	8179	2.647	1.076	1	5
$fegp$	父代职业地位等级	8179	1.778	1.023	1	5
edu	教育水平（年）	8179	9.809	3.348	0	18
$fedu$	父代的最高教育水平（年）	8179	7.851	3.580	0	16

变量名称	变量含义	样本数	均值	标准差	最小值	最大值
iFwork	本人是否非农就业 (是 =1,否 =0)	8179	0.855	0.352	0	1
Fwork	父代是否外出进行 非农就业 (是 =1,否 =0)	8179	0.780	0.414	0	1
gender	性别 (男性 =1,女性 =0)	8179	0.794	0.404	0	1
age	年龄(周岁)	8135	34.49	10.72	16	108
army	是否有从军经历 (是 =1,否 =0)	8179	0.029	0.168	0	1
lnwage	工资对数	6498	10.24	1.282	0	13.37
lnhouseholds	家庭常住人口对数	7812	1.184	0.538	0	2.565
lnhpincome	家庭人均收入对数	7706	9.239	1.054	0	14.52
lnland	家庭实际耕地对数	7264	1.471	0.791	0	6.155
dist_town	距离最近县城时间 (分钟)	8179	13.58	8.785	0.5	35
dist_city	距离最近城市时间 (分钟)	7703	47.64	32.73	5	150

(三) 变量选择

被解释变量:职业地位流动($EgpFlow_{it}$),该变量取值 -1、0 和 1。在社会流动的比较研究领域中,如何对不同职业阶层进行合理整理是社会流动研究中最基本的课题。Ganzeboom 等 (1992) 在邓肯的美国社会经济地位指数 (Socio-economic Index) 的基础上进行了改进,通过对 16 个国家的教育和收入指标进行国际标准化操作,得到了能够进行国际比较的标准职业声望指标,提出了社会经济地位指数

（International Socio-economic Index，ISEI）作为测量职业声望指标的标准化方法，但由于该指标是建立在各类职业声望得分以及相应职业的收入和教育水平的回归方程之上，所以该指标是一个连续性指标，而非分类性指标。尽管该指标反映的社会位置较为准确，但由于连续性特征导致该指标无法识别职业特性，比如工作的自律性、晋升机会等（侯利明、秦广强，2019），也无法明确识别阶层地位与个人意识、行为特性之间的关系，因而广受批评（Grusky，2001）。近年来，EGP 分类框架逐渐成为国际上广泛认可的分类标准，[①] 该指标最早由 Goldthorpe 和 Llewellyn（1977）提出，根据职业信息和雇佣地位将 36 类职业合并为七分类的阶层框架。在此基础上，Goldthorpe 又融入了 Erikson 基于技术特征和雇佣地位所涉及的社会经济分类框架，将社会阶层合成为一个基于职业信息和雇佣关系的七分类阶层结构（Erikson et al.，1979），形成了早期的 EGP 阶层框架。其中，职业信息包括个人的工作信息比如个人收入、工作稳定性以及晋升机会等，也包括技术水平；雇佣关系则主要包含了个人在组织中所具备的权力地位信息。根据 Erikson 和 Goldthorpe（1992）的研究，个人在劳动市场中的地位高低的关键因素是雇佣关系的差异，个人在工作中所具备的权威和权力能够精确定位个人在市场中的地位。因为根据他们的观点，阶层间的地位差异主要来源于两个方面，一是是否拥有生产资料；二是雇

---

① EGP 阶层框架是根据 Erikson、Goldthorpe 和 Portocarero 的首字母来命名。

主和雇员之间的雇佣关系是一种劳动契约型关系还是一种服务型关系。不同的雇佣关系会影响雇主是否给雇工更好的福利和待遇。通过对两方面的信息进行调整和修正，二者共同决定了个人在社会阶层中的精确位置（Erikson & Goldthorpe，1992）。而后，这个指标就广泛被学者所采用，并被应用于欧洲七国实施的"当代工业社会的社会流动比较分析"（Comparative Analysis of Social Mobility in Industrial Nations，CASMIN）项目，产生了深远的影响。调查问卷对个体的工作所处的行业进行了统计[①]，本研究根据 Erikson（1979）、解雨巷和解垩（2019）等的处理方法，将调查问卷中涉及的职业重新编码为 EGP 五分类职业层次（吴晓刚，2008；解雨巷、解垩，2019），即农民、半技术或无技术工人、工头或技术工人、常规非体力工人、专业技术人员或管理人员，并从低到高进行赋值，农民赋值为 1，专业技术人员或管理人员赋值为 5。[②] 我们进一步根据子代职业地位与父代职业地位的大小定义职业地位的代际流动，如果子代职业阶层大于父代职业阶层，则定义 $EgpFlow = 1$，如果子代的职业阶层与父

[①] 调查问卷中调查对象的工作行业分为个体户、企业白领、公务员或事业单位、制造业、副业（家庭手工或手工业）、医疗业、商业和商务中介、建筑（含装修）、开办企业、教育业、旅游餐饮业、生活服务业、纯农业、运输业、采掘业、金融服务业和零工总计 17 类。

[②] 从事纯农业的劳动者定义为农民；从事副业（家庭手工或手工业）、建筑（含装修）、旅游餐饮业、采掘业的劳动者定义为半技术或无技术工人；从事个体户、运输业、生活服务业、制造业的劳动者定义为工头或技术工人；从事企业白领、金融服务业、商业和商务中介、开办企业的劳动者定义为常规非体力工人；从事公务员或事业单位、教育业、医疗业的劳动者定义为专业技术人员或管理人员。

代的职业阶层一致，则定义 $EgpFlow = 0$，如果子代职业阶层小于父代职业阶层，则定义 $EgpFlow = -1$。

核心解释变量（$Fwork$）：父代是否外出进行非农就业，如果进行非农就业，取值为 1，否则为 0。

控制变量：本研究与现有文献基本保持一致（周兴和张鹏，2014；陈纯槿和胡咏梅，2016；王伟同等，2019），模型中进一步控制了个人特征因素、家庭特征因素和村庄特征因素。个人特征因素包括：性别（$gender$）、年龄（age）、是否有从军经历（$army$）、工资对数（lnwage）；家庭特征因素包括：家庭常住人口对数（lnhouseholds）、家庭人均收入对数（lnhpincome）、家庭实际耕地对数（lnland）；村庄特征因素包括：距离最近县城时间（$dist\_town$）、距离最近城市时间（$dist\_city$）。

三　农村劳动力代际职业地位流动的客观事实

（一）职业地位代际流动性：现状与动态趋势

与教育水平的代际流动分析相同，本章根据子代的出生年份，将子代分为 1960 年以前、1960～1969 年、1970～1979 年、1980～1989 年、1990～1999 年和 2000 年至今一共 6 个出生队列，分别考察不同出生队列个体职业地位的代际流动情况。每一出生队列，本章分别统计了各组人数占本组人数的比例以及本组人数占总人数的比例。表 6-2 呈现了农村劳动力代际职业地位流动性状况。

首先，从全部样本来看，子代职业地位相对于父代向上流动的个体占比 63.26%，向下流动的个体占比为 12.29%，还有 24.45% 的个体职业地位与父代保持一致，这意味着在样本期内，农村劳动力职业地位总体呈现向上流动趋势。这里需要特别说明的是，代际职业地位总体向上流动并不意味着农民工子代社会层级的上升。农村非农就业劳动力代际职业地位总体向上流动，是本章对样本数据进行计量分析得出的一个重要结论。直观理解，该结论意味着农民工子代相对于父代，就职于层级更高的工作岗位具有较大的概率，也就是说职业地位是上升的。但是，这里要强调的是，这个看起来让人有点振奋的结论，实际上并不能表明子代职业所处社会层级的提升。道理很简单，因为我们所处的是一个工业化城镇化快速发展的时代，技术进步和效率提升驱动产业结构快速转换，产业不断升级，传统产业快速萎缩，新兴产业快速成长，职业岗位不断更新，整体向上抬升。所以，子代职业岗位整体向上流动是产业和职业岗位整体升级的结果，比如，父代可能是建筑业领域就业的力工，子代就业时建筑业或因机械化水平提升或因产业规模萎缩，建筑业力工岗位大幅度减少甚至消失了，而岗位供给最多的可能是代工厂的手机装配线操作工，这样，相对于父代的建筑业力工，子代电子行业操作工属于技术工种，职业层级提升了。但是，在新时期新结构中，装配流水线上的操作工仍然处在职业层级的最底层，子代的相对社会层级并没有真正改变。一般讲社会垂直流动，都是指相对低位的上下变化，代际职业地位流动也应该从相对地位上下变动的角度来认识，这样才能真实反映社会层级结构状况，有针对性地施策，促进社会阶层垂直流动。

从不同出生队列个体职业地位流动特征来看，1960～1969年出生的个体职业地位向上流动占本组的比例为76.62%，在所有不同出生队列中，该组占比最高；然后是1970～1979年出生的个体，该组职业地位向上流动占本组的比例为74.37%；第三是1960年以前出生的个体，该组职业地位向上流动占本组的比例是70.85%；第四是1980～1989年出生的个体，该组职业地位向上流动占本组的比例是66.59%；第五是1990～1999年出生的个体，该组职业地位向上流动占本组的比例是52.43%；2000年至今出生的个体职业地位向上流动占本组的比例为41.52%，占比最低。可以发现，随着个体出生时间的延后，劳动力职业地位向上流动的比例是逐渐降低的，究其原因，主要是因为职业地位的流动不同于教育水平的流动，职业地位向上流动可能更需要技能的提升和经验的不断积累。

表 6－2　代际职业地位流动趋势分析

子代出生年代		向下流动	保持不变	向上流动	全部
1960 年以前	观测值	13	59	175	247
	占本组比（%）	5.260	23.89	70.85	100
	占全部比（%）	0.160	0.720	2.140	3.020

子代出生年代		向下流动	保持不变	向上流动	全部
1960~1969年	观测值	42	84	413	539
	占本组比(%)	7.790	15.58	76.62	100
	占全部比(%)	0.510	1.030	5.050	6.590
1970~1979年	观测值	141	234	1088	1463
	占本组比(%)	9.640	15.99	74.37	100
	占全部比(%)	1.720	2.860	13.30	17.89
1980~1989年	观测值	332	657	1971	2960
	占本组比(%)	11.22	22.20	66.59	100
	占全部比(%)	4.060	8.030	24.10	36.19
1990~1999年	观测值	423	858	1412	2693
	占本组比(%)	15.71	31.86	52.43	100
	占全部比(%)	5.170	10.49	17.26	32.93
2000年至今	观测值	54	108	115	277
	占本组比(%)	19.49	38.99	41.52	100
	占全部比(%)	0.660	1.320	1.410	3.390
全部	观测值	1005	2000	5174	8179
	占全部比(%)	12.29	24.45	63.26	100

表6-3进一步呈现父代与子代间职业地位的流动情况。我们可以看到，父代的职业为农民时，子代职业为工头或技术工人的占比最高，为35.89%，与半技术或无技术工人的比例相差不大，为32.27%，还有17.69%的劳动力的职业仍旧为农民，职业为常规非体力工人和专业技术人员或管理人员的比例较小。父代的职业为半技术或无技术工人时，子代职业为半技术或无技术工人的占比最高，为36.32%，其次是工头或技术工人，占比为35.02%，职业为农民的比例占比有所下降，为

11.29%。父代职业为工头或技术工人时，子代职业为工头或技术工人的占比最高，达到48.90%，子代职业为半技术或无技术工人的占比为23.20%，职业为农民的比例进一步变小，为10.39%。父代职业为常规非体力工人时，子代职业为常规非体力工人占比最高，为35.07%，其次是工头或技术工人，占比为28.73%。父代职业为专业技术人员或管理人员时，子代职业为专业技术人员或管理人员占比最高，为27.88%，其次是常规非体力工人，占比为23.01%。

通过以上的分析我们可以看到，从总体来看，农村劳动力的职业地位普遍偏低，工头或技术工人及以下的人数占比较高，常规非体力工人和专业技术人员或管理人员的人数占比较少。另外，子代的职业地位与父代职业地位也有很强的相关性，随着父代职业地位的提升，子代职业地位也会有所提升。

表6-3　农村劳动力职业地位的代际转移分析

父代职业地位		子代职业地位					全部
		农民	半技术或无技术工人	工头或技术工人	常规非体力工人	专业技术人员或管理人员	
农民	观测值	785	1432	1593	342	286	4438
	占本组比（%）	17.69	32.27	35.89	7.710	6.440	100
	占全部比（%）	9.600	17.51	19.48	4.180	3.500	54.26

父代职业地位		子代职业地位					全部
		农民	半技术或无技术工人	工头或技术工人	常规非体力工人	专业技术人员或管理人员	
半技术或无技术工人	观测值	208	669	645	186	134	1842
	占本组比（%）	11.29	36.32	35.02	10.10	7.270	100
	占全部比（%）	2.540	8.180	7.890	2.270	1.640	22.52
工头或技术工人	观测值	146	326	687	130	116	1405
	占本组比（%）	10.39	23.20	48.90	9.250	8.260	100
	占全部比（%）	1.790	3.990	8.400	1.590	1.420	17.18
常规非体力工人	观测值	21	54	77	94	22	268
	占本组比（%）	7.840	20.15	28.73	35.07	8.210	100
	占全部比（%）	0.260	0.660	0.940	1.150	0.270	3.280
专业技术人员或管理人员	观测值	27	41	43	52	63	226
	占本组比（%）	11.95	18.14	19.03	23.01	27.88	100
	占全部比（%）	0.330	0.501	0.526	0.636	0.770	2.760
全部	观测值	1187	2522	3045	804	621	8179
	占全部比（%）	14.513	30.835	37.229	9.830	7.593	100

（二）职业地位代际流动差异性分析

表 6 - 4 呈现按照性别分组的代际职业地位流动差异性。与教育水平的代际流动不同的是，女性职业地位向上流动的比例要低于男性，女性职业地位向上流动的人数占本组比为57. 11%，而男性职业地位向上流动占本组比为64. 85%。女性职业地位向下流动的人数占本组比例远超过男性，其中女性职业地位向下流动的比例为16. 48%，男性职业地位向下流动的比例为11. 20%。

表 6 - 4　代际职业地位流动差异（按照性别分组）

性别		向下流动	保持不变	向上流动	全部
女	观测值	277	444	960	1681
	占本组比（%）	16. 48	26. 41	57. 11	100
	占全部比（%）	3. 390	5. 430	11. 74	20. 55
男	观测值	728	1556	4214	6498
	占本组比（%）	11. 20	23. 95	64. 85	100
	占全部比（%）	8. 900	19. 02	51. 52	79. 45
全部	观测值	1005	2000	5174	8179
	占全部比（%）	12. 29	24. 45	63. 26	100

表 6 - 5 呈现按照父代工作地点进行分组的子代职业地位代际流动差异性。我们发现如果父代在本地工作，子代职业地位向上流动占本组的比例最高，达到64. 91%。其次是在本省工作，子代职业地位向上流动占本组的比例为37. 68%。在省外工作的父代所对应的子代职业地位向上流动占本组的

比例最低，仅为 28.25%。根据表 6 - 5 我们似乎可以得到一个与教育代际流动相同的结论，随着父代工作地点越来越远，子代职业地位向上流动的可能性越来越小，这个结论后面会通过计量模型进一步进行验证。

表 6 - 5   代际职业地位流动差异（按照父代工作地点分组）

父代工作地点		向下流动	保持不变	向上流动	全部
本地	观测值	229	668	1659	2556
	占本组比(%)	8.960	26.13	64.91	100
	占全部比(%)	4.310	12.57	31.21	48.09
本县	观测值	169	233	220	622
	占本组比(%)	27.17	37.46	35.37	100
	占全部比(%)	3.180	4.380	4.140	11.70
本市	观测值	140	210	205	555
	占本组比(%)	25.23	37.84	36.94	100
	占全部比(%)	2.630	3.950	3.860	10.44
本省	观测值	128	183	188	499
	占本组比(%)	25.65	36.67	37.68	100.00
	占全部比(%)	2.41	3.44	3.54	9.39
省外	观测值	309	468	306	1083
	占本组比(%)	28.53	43.21	28.25	100
	占全部比(%)	5.810	8.810	5.760	20.38
全部	观测值	975	1762	2578	5315
	占全部比(%)	18.34	33.15	48.50	100

表 6 - 6 则呈现按照村庄距离县城远近分组的职业地位代际流动情况。近城村子代相对于父代职业地位向上流动占比为 62.73%，与远城村的比例（63.79%）差异不大。近城村子代

相对于父代职业地位向下流动占比为 12.23%，与远城村的比例（12.35%）相比，差异也不明显。这表明，与教育代际流动不同，村庄区位对于劳动力职业地位流动的影响并不显著。

表 6-6　代际职业地位流动差异（按照村庄距离县城远近分组）

距离县城		向下流动	保持不变	向上流动	全部
近城村	观测值	500	1024	2565	4089
	占本组比（%）	12.23	25.04	62.73	100
	占全部比（%）	6.110	12.52	31.36	49.99
远城村	观测值	505	976	2609	4090
	占本组比（%）	12.35	23.86	63.79	100
	占全部比（%）	6.170	11.93	31.90	50.01
全部	观测值	1005	2000	5174	8179
	占全部比（%）	12.29	24.45	63.26	100

四　实证结果分析

（一）父代外出务工对职业地位代际流动的影响

表 6-7 呈现父代是否外出务工（*Fwork*）对子代职业地位流动的影响的实证结果。表 6-7 模型 1 只加入变量 *Fwork*，模型 2 加入个人控制因素，模型 3 进一步加入家庭控制因素，模型 4 进一步加入村庄控制因素。我们发现，*Fwork* 的系数在所有模型中均在 1% 的水平上显著为负，这意味着如果父代外出务工的话，会显著降低子代职业地位向上流动的概率。

表 6 - 7　父代是否外出务工对子代职业地位流动的影响实证结果

变量	模型 1	模型 2	模型 3	模型 4	模型 5
Fwork	- 0. 989 *** (- 16. 142)	- 2. 614 *** (- 18. 458)	- 2. 535 *** (- 17. 405)	- 2. 437 *** (- 16. 619)	- 2. 422 *** (- 16. 403)
gender		- 0. 306 *** (- 3. 978)	- 0. 237 *** (- 2. 645)	- 0. 264 *** (- 2. 811)	- 0. 264 *** (- 2. 811)
age		0. 059 *** (17. 291)	0. 053 *** (13. 796)	0. 054 *** (13. 490)	0. 054 *** (13. 491)
army		0. 122 (0. 689)	- 0. 044 (- 0. 225)	- 0. 044 (- 0. 217)	- 0. 056 (- 0. 279)
edu		0. 045 *** (4. 889)	0. 039 *** (3. 703)	0. 048 *** (4. 404)	0. 047 *** (4. 259)
fedu		0. 179 *** (5. 289)	0. 177 *** (5. 112)	0. 169 *** (4. 883)	0. 170 *** (5. 007)
lnwage		0. 209 *** (9. 636)	0. 232 *** (9. 777)	0. 241 *** (9. 926)	0. 239 *** (9. 731)
lnhouseholds			- 0. 127 ** (- 2. 065)	- 0. 093 (- 1. 448)	- 0. 095 (- 1. 473)
lnhpincome			- 0. 080 * (- 1. 848)	- 0. 071 (- 1. 613)	- 0. 068 (- 1. 540)
lnland			- 0. 021 (- 0. 521)	- 0. 019 (- 0. 436)	- 0. 016 (- 0. 358)
dist_town				0. 001 (0. 182)	0. 001 (0. 317)
dist_city				0. 004 *** (3. 217)	0. 004 *** (2. 637)
ifschool				- 0. 098 (- 1. 394)	- 0. 120 (- 1. 616)
cut1	- 2. 783 *** (- 44. 370)	- 0. 530 * (- 1. 777)	- 1. 338 *** (- 2. 699)	- 0. 836 (- 1. 599)	- 0. 878 * (- 1. 672)

续表

变量	模型 1	模型 2	模型 3	模型 4	模型 5
cut2	-1.330^{***}	1.117^{***}	0.255	0.778	0.736
	(-23.769)	(3.732)	(0.513)	(1.487)	(1.401)
年度效应	NO	NO	NO	NO	YES
观测值	8179	6474	5223	4898	4898
似然值	$-7.1e+03$	$-4.7e+03$	$-3.6e+03$	$-3.3e+03$	$-3.3e+0$

注：①＊、＊＊、＊＊＊分别表示双尾检验的 10%、5% 和 1% 的显著性水平；②括号内为 t 值。

根据表 6-7 模型 5 的回归结果，我们求出显著性变量的边际效应（见表 6-8）①。根据表 6-8，如果父代外出务工，子代职业地位向下流动的概率会提高 17.4 个百分点，向上流动的概率会降低 42 个百分点。相比于女性，男性子代职业地位向下流动的概率会提高 1.9 个百分点，向上流动的概率会降低 4.6 个百分点②。年龄每增加 1 岁，职业地位向下流动的概率降低 0.4 个百分点，向上流动的概率提高 0.9 个百分点。受教育年限每增加 1 年，个体的职业地位向下流动的概率降低 0.3 个百分点，向上流动的概率增加 0.8 个百分点。这也验证了周兴和张鹏（2014）的研究结论，他们的研究表明教育在代际的职业地位流动中扮演着重要角色，子女接受教育

---

① 这里没有汇报不显著变量的边际效应。

② 这里需要做特别说明的是，此处的男性子代职业地位更有可能向下流动似乎与前面的统计性描述部分得到的结论，女性职业地位向上流动的比例要低于男性相矛盾。实际上，二者并不冲突，前面统计的是女性组内向上流动的比例，而此处说的是男性相对于女性职业地位流动情况。

会显著提高职业地位向上流动的概率。我们可以看到，父代教育水平会显著提高子代职业地位向上流动，父代教育年限每增加1年，个体的职业地位向下流动的概率降低1.1个百分点，向上流动的概率增加2.8个百分点。工资收入的对数每增加1个单位，职业地位向下流动的概率降低1.7个百分点，向上流动的概率提高4.2个百分点。

表6-8 子代职业地位流动的影响因素的边际效应

变量		dy/dx	标准误	t 值	95% 置信区间	
Fwork	向下流动	0.174***	0.013	13.730	0.149	0.199
	保持不变	0.246***	0.015	16.880	0.217	0.274
	向上流动	-0.420***	0.024	-17.440	-0.467	-0.373
gender	向下流动	0.019***	0.007	2.800	0.006	0.032
	保持不变	0.027***	0.010	2.820	0.008	0.045
	向上流动	-0.046***	0.016	-2.820	-0.078	-0.014
age	向下流动	-0.004***	0.000	-12.190	-0.005	-0.003
	保持不变	-0.005***	0.000	-14.200	-0.006	-0.005
	向上流动	0.009***	0.001	14.540	0.008	0.011
edu	向下流动	-0.003***	0.001	-4.210	-0.005	-0.002
	保持不变	-0.005***	0.001	-4.290	-0.007	-0.003
	向上流动	0.008***	0.002	4.290	0.004	0.012
fedu	向下流动	-0.011***	0.001	-11.86	-0.014	-0.010
	保持不变	-0.016***	0.001	-13.88	-0.019	-0.015
	向上流动	0.028***	0.002	14.13	0.025	0.033
lnwage	向下流动	-0.017***	0.002	-9.320	-0.021	-0.014
	保持不变	-0.024***	0.002	-9.810	-0.029	-0.019
	向上流动	0.042***	0.004	10.050	0.033	0.050

续表

变量		dy/dx	标准误	t 值	95% 置信区间	
dist_city	向下流动	− 0.0003 ***	0.000	− 2.620	− 0.0004	0.000
	保持不变	− 0.0004 ***	0.000	− 2.640	− 0.0006	0.000
	向上流动	0.0006 ***	0.000	2.640	0.0002	0.001

表 6 - 9 呈现父代是否外出务工与子代性别对子代职业地位流动的交互作用。首先，从整体来看，父代外出务工的子代的职业地位向上流动的概率要低于非外出务工的子代，父代外出务工的子代的职业地位向下流动的概率要远高于父代非外出务工的子代。其次，从性别差异来看，父代如果不外出务工，女儿职业地位向上流动的概率增加 96.5 个百分点，儿子职业地位向上流动的概率增加 95.5 个百分点，二者之差为 1 个百分点，父代如果外出务工，女儿职业地位向上流动的概率增加 70.9 个百分点，儿子职业地位向上流动的概率增加 65.2 个百分点，二者之差为 5.7 个百分点，也就是说，不论父代是否外出务工，女性子代职业地位向上流动的概率都要高于男性，而且父代外出务工的女性子代可能比男性子代更有可能实现职业地位的向上流动。

表 6 - 9 父代是否外出务工与子代性别对子代职业地位流动的交互作用

父代是否外出务工	子代性别	向下流动	保持不变	向上流动
否	女	0.007	0.028	0.965
	男	0.009	0.036	0.955
	差异	− 0.002	− 0.008	0.01

续表

父代是否外出务工	子代性别	向下流动	保持不变	向上流动
	女	0.076	0.216	0.709
是	男	0.096	0.252	0.652
	差异	-0.02	-0.036	0.057

图 6-1 绘制了子代个体的年龄、家庭人均收入、受教育年限和距离县城的时间等因素对职业地位流动的影响。图 6-1（a）显示，随着被调查者年龄的增加，调查对象的职业地位向上流动的概率在不断提升，职业地位向下流动和保持不变的概率呈现下降趋势。图 6-1（b）呈现家庭人均收入对子代职业地位流动的影响。首先，从整体来看，随着家庭人均收入的增加，子代职业地位向上流动的概率逐渐下降，向下流动和保持不变的概率呈现稳中有升的态势。究其原因，可能是因为家庭人均收入高的父代职业地位通常较高，子代职业地位超过父代的概率也会随之降低。图 6-1（c）呈现子代受教育年限对子代职业地位流动的影响，子代职业地位向上流动的概率随着受教育水平的增加而不断提升，向下流动和保持不变的概率随着受教育水平的增加保持稳中有降的态势，这与周兴和张鹏（2014）的研究结论也是一致的，他们的研究也发现随着教育等级的提高，子代职业地位向下流动的概率会逐渐降低，向上流动的概率会逐步提高。图 6-1（d）呈现的是村庄距离县城的时间对子代职业地位流动的影响，可以看到，村庄距离县城的时间对子代职业地位的流动概率基本呈现水平的趋势，这表明村庄距离并不会显著影响子代职业地位的流动。

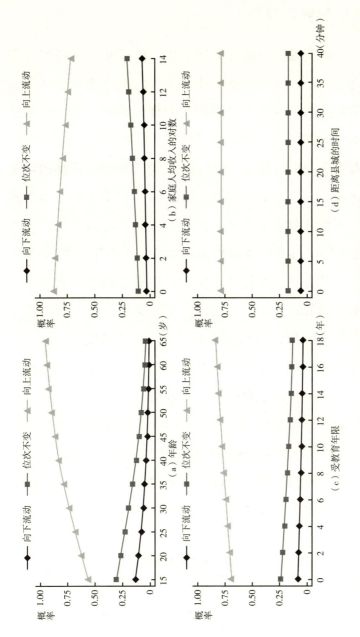

图 6 - 1 职业地位流动预测概率分析

（二）稳健性检验

考虑到职业地位会随着务工个体工作经验的不断丰富而逐步提高，此时，如果忽略个体的成长性有可能导致回归结果出现偏差。本章从三个方面做了稳健性检验。第一，剔除年龄在40岁以前的观测值。个体职业地位的提高在40岁以前，个人晋升的可能性较大，但进入40岁以后，个体的职业地位逐渐趋于稳定，所以我们仅保留40岁以后个体重新对模型进行了回归，结果见表6-10的模型6，可以发现父代外出务工变量（Fwork）的系数仍旧在1%水平上高度显著为负。第二，考虑到从事低职业地位等级的劳动力晋升空间的可能性相对较低，所以，我们仅保留职业地位为半技术或无技术工人的观测值，回归结果见模型7，可以发现Fwork的系数也在1%水平上高度显著为负。第三，拥有高教育水平的劳动力在职业成长过程中会有更好的晋升机会，所以，我们进一步把教育水平在大学及以上的观测值剔除，回归结果见模型8，可以看到Fwork的系数依然在1%水平上高度显著为负。因此，回归结果是稳健的，父代外出务工会显著降低子女职业地位向上流动的概率。

表6-10 稳健性检验

变量	模型6	模型7	模型8	模型9
Fwork	-1.257*** (-5.011)	-2.086*** (-12.639)	-2.344*** (-15.283)	-2.372***

续表

变量	模型 6	模型 7	模型 8	模型 9
gender	0. 300 (1. 109)	0. 179 (1. 095)	- 0. 164 (- 1. 507)	- 0. 507 (- 1. 238)
age	0. 037*** (2. 590)	0. 068*** (12. 394)	0. 057*** (13. 561)	0. 018*** (7. 925)
army	- 0. 170 (- 0. 333)	- 0. 605* (- 1. 778)	0. 028 (0. 128)	0. 048 (0. 224)
edu	0. 033 (1. 055)	- 0. 034* (- 1. 795)	0. 020 (1. 071)	0. 013*** (3. 227)
fedu	0. 161*** (3. 455)	0. 162*** (3. 267)	0. 169*** (3. 083)	0. 157*** (2. 476)
lnwage	0. 189*** (5. 433)	0. 231*** (8. 117)	0. 245*** (9. 580)	0. 119*** (3. 145)
lnhouseholds	- 0. 153 (- 1. 024)	0. 030 (0. 309)	- 0. 119* (- 1. 691)	- 0. 357*** (- 2. 352)
lnhpincome	0. 300*** (3. 370)	- 0. 075 (- 1. 207)	- 0. 026 (- 0. 523)	- 0. 128 (- 0. 785)
lnland	0. 014 (0. 127)	0. 060 (0. 824)	0. 047 (0. 931)	- 0. 101 (- 0. 917)
dist_town	- 0. 015 (- 1. 439)	- 0. 007 (- 1. 049)	- 0. 002 (- 0. 477)	- 0. 025 (- 0. 555)
dist_city	0. 009*** (2. 596)	0. 007*** (3. 574)	0. 004*** (2. 697)	- 0. 001 (- 0. 112)
ifschool	- 0. 178 (- 1. 024)	- 0. 049 (- 0. 438)	- 0. 116 (- 1. 447)	- 0. 311** (- 2. 001)
cut1	2. 944** (2. 401)	0. 605 (0. 837)	- 0. 391 (- 0. 668)	
cut2	4. 029*** (3. 275)	2. 213*** (3. 055)	1. 245** (2. 128)	

变量	模型 6	模型 7	模型 8	模型 9
年度效应	控制	控制	控制	控制
观测值	1184	1857	4077	4077

注：①＊、＊＊＊ ＊＊分别表示双尾检验的 10%、5% 和 1% 的显著性水平；②括号内为 t 值。

（三）内生性问题处理

以下两方面的原因可能导致模型存在内生性问题。第一，可能存在遗漏变量。尽管我们在模型中加入了足够多的控制变量，但仍有一些因素比如家庭文化等无法用具体的变量来表征，而这些因素都有可能会影响父代是否外出打工以及子女的职业选择。第二，可能存在的双向因果问题也有可能会影响本研究估计结果的可靠性。为此，我们选择本村的务工率作为父代是否外出的工具变量，一般情况下，我们认为本村外出务工率高会影响个体的务工与否，但是个体是否外出务工不会对村庄的整体务工率产生直接影响，满足工具变量外生性条件。工具变量回归结果见表 6 - 10 模型 9。结果显示，在选择村庄务工率作为父代是否外出务工的工具变量后，回归结果依旧在 1% 水平上高度显著为负，表明本研究的回归结果是稳健的。

（四）父代就业空间对职业地位代际流动的影响

表 6 - 11 进一步呈现父代就业空间的差异对子代职业地

位流动的影响。父代的工作地点分为五类：本地、本县、本市、本省和省外，本章将本地作为基准组，其他地方设置 0 和 1 虚拟变量。① 模型 1 没有加入控制变量，模型 2 加入调查者个人特征因素，模型 3 加入家庭特征因素，模型 4 加入村庄特征因素，模型 5 进一步加入年份效应。可以发现，$D\_$ $Fworkplace$ 变量在所有模型中均在 1% 水平上高度显著，且均为负值，这意味着相对于父代在本地工作的被调查者，父代在外地工作的被调查者的职业地位更有可能会向下流动。具体来说，根据模型 5，我们可以发现，$D\_Fworkplace5$ 的系数绝对值最大，这意味着父代在省外工作的子代职业地位更有可能向下流动，其次是父代在本省工作的劳动者（$D\_$ $Fworkplace$ 的系数为 -1.658），父代在本市和本县工作的劳动者职业地位向下流动的概率相对较低。这个结论与前面的理论模型也保持一致。根据前面的理论模型，外地务工人员陪伴子女的时间减少会导致子女的教育和职业地位向下流动，尤其对于那些离家较远的务工人员，陪伴子女的时间会更少，子女的职业地位更有可能向下流动。非农务工对子女职业地位流动的影响取决于陪伴时间减少的负向效应和收入增加物质条件改善的正向效应之和，通过分析原始数据可以发现，在本县工作的务工人员每年平均回家次数为 252 次，但是在省外工作的务

---

① 如果父代在本县工作，则 $D\_Fworkplace2 = 1$，否则等于 0；如果父代在本市工作，则 $D\_Fworkplac3 = 1$，否则等于 0；如果父代在本省工作，则 $D\_Fworkplace4 = 1$，否则等于 0；如果父代在省外工作，则 $D\_Fworkplace5 = 1$，否则等于 0。

工人员每年平均回家次数仅为 63 次①，远远少于本县工作的务工人员，所以在其他条件相同的情况下，在省外工作的务工人员陪伴子女时间减少导致的代际职业地位流动的负向效应要大于在本县工作的务工人员陪伴时间减少导致的代际职业地位流动的负向效应，这也就导致父代在省外工作更有可能导致子女职业地位向下流动。

表 6-11 父代工作地点对子代职业地位流动的影响

变量	模型 1	模型 2	模型 3	模型 4	模型 5
*D_Fworkplace*2	-1.066*** (-14.751)	-1.233*** (-16.220)	-1.247*** (-15.257)	-1.253*** (-15.054)	-1.238*** (-14.856)
*D_Fworkplace*3	-1.181*** (-13.210)	-1.599*** (-15.204)	-1.577*** (-12.974)	-1.483*** (-11.648)	-1.481*** (-11.628)
*D_Fworkplace*4	-1.036*** (-7.060)	-1.481*** (-9.005)	-1.582*** (-8.836)	-1.659*** (-8.783)	-1.658*** (-8.773)
*D_Fworkplace*5	-1.471*** (-20.963)	-1.850*** (-21.451)	-1.821*** (-18.561)	-1.835*** (-17.867)	-1.827*** (-17.706)
gender		-0.436*** (-5.091)	-0.368*** (-3.712)	-0.388*** (-3.712)	-0.386*** (-3.700)
age		0.009** (2.190)	0.008* (1.852)	0.009* (1.808)	0.009* (1.886)

---

① 由于调查问卷没有统计父母每年陪伴子女的具体时间，此处用务工人员平均每年回家次数作为陪伴时间的代理变量也不失为一种合适的处理办法。通常情况下，回家次数越多，陪伴子女的时间越长。务工人员在本县工作每年平均回家次数为 252 次，在本市工作平均每年回家次数为 211 次，在本省工作平均每年回家次数为 112 次，在省外工作平均每年回家次数为 63 次。

续表

变量	模型 1	模型 2	模型 3	模型 4	模型 5
army		0.325 (1.634)	0.137 (0.633)	0.122 (0.545)	0.103 (0.459)
edu		0.078*** (7.456)	0.066*** (5.493)	0.073*** (5.817)	0.071*** (5.635)
fedu		0.177*** (3.457)	0.176*** (3.784)	0.172*** (3.519)	0.173*** (3.478)
ln*wage*		0.228*** (8.906)	0.238*** (8.580)	0.249*** (8.759)	0.248*** (8.661)
ln*households*			−0.355*** (−5.040)	−0.361*** (−4.871)	−0.362*** (−4.878)
ln*hpincome*			−0.022 (−0.447)	−0.033 (−0.649)	−0.024 (−0.482)
ln*land*			0.181*** (3.867)	0.199*** (3.895)	0.198*** (3.764)
dist_town				−0.006 (−1.240)	−0.005 (−1.045)
dist_city				0.004*** (3.026)	0.004** (2.433)
ifschool				−0.145* (−1.783)	−0.172** (−2.007)
*cut*1	−2.313*** (−44.594)	−0.002 (−0.006)	−0.314 (−0.575)	−0.276 (−0.469)	−0.291 (−0.494)
*cut*2	−0.616*** (−15.034)	1.919*** (6.118)	1.533*** (2.806)	1.605*** (2.730)	1.591*** (2.695)
年度效应	NO	NO	NO	NO	YES
观测值	5315	4208	3394	3144	3144
似然值	−5.2e+03	−3.6e+03	−2.9e+03	−2.6e+03	−2.6e+03

注：①*、**、***分别表示双尾检验的 10%、5% 和 1% 的显著性水平；②括号内为 t 值。

（五）分组回归

1. 按照村庄区位分组

我们进一步将所有样本按照村庄距离县城的中位数，分为近城地区、远城地区两组，控制个人特征因素、家庭特征因素和村庄特征因素，进一步探讨父代外出务工对子女职业地位代际流动的影响（见表6-12）。根据表6-12的模型1和模型2的结果，总体上，近城村庄父代外出务工对子代职业地位向下流动的影响要大于远城村庄。我们发现这个结论与教育流动刚好相反，究其原因，可能是因为如果所在村庄为近城村庄，村庄附近会有更多的就业机会。父代在本地务工可能更有助于为子女提供更好的社会网络资源，为其工作提供更好的信息来源，从而有助于其子女选择更好的职业。相反，如果父代在外地务工，父代的社会网络资源则更多的分布在外地，不能为子女提供更好的信息资源，所以不利于子女职业地位的提升。而如果所在村庄为远城村庄，则村庄附近的就业机会相对较少，父代是否在本地工作所掌握的社会网络资源并不能显著影响子女的职业选择，所以相较于近城村庄，父代在外务工对子女职业地位向下流动的影响相对较弱。

2. 按照家庭收入分组

模型3和模型4则按照家庭人均收入的中位数将样本组分为低收入和高收入两组，分别考察在不同收入家庭父代外出务工对子代职业地位流动的影响。根据回归结果，高收入家庭的父代外出务工对子代职业地位流动的负向影响要高于低收入家庭。

表 6 - 12　按照村庄区位和家庭收入分组

变量	村庄区位异质性:近城村 - 远城村		家庭收入分类	
	近城村 模型 1	远城村 模型 2	低收入 模型 3	高收入 模型 4
$Fwork$	- 2.624 *** (- 10.904)	- 2.383 *** (- 12.759)	- 2.109 *** (- 11.746)	- 2.932 *** (- 11.127)
$gender$	- 0.184 (- 1.403)	- 0.331 ** (- 2.435)	- 0.214 (- 1.432)	- 0.288 ** (- 2.388)
age	0.055 *** (8.710)	0.055 *** (10.588)	0.047 *** (8.091)	0.061 *** (10.814)
$army$	- 0.204 (- 0.707)	0.045 (0.157)	- 0.355 (- 1.299)	0.264 (0.884)
edu	0.044 *** (2.693)	0.044 *** (2.913)	0.051 *** (2.901)	0.054 *** (3.785)
$fedu$	0.167 *** (3.247)	0.171 *** (3.268)	0.163 *** (3.186)	0.172 *** (3.228)
$lnwage$	0.206 *** (5.988)	0.276 *** (7.984)	0.227 *** (7.762)	0.250 *** (5.654)
$lnhouseholds$	- 0.285 *** (- 2.834)	0.021 (0.245)	0.016 (0.153)	- 0.230 *** (- 2.694)
$lnhpincome$	- 0.162 ** (- 2.553)	0.042 (0.628)	0.025 (0.419)	- 0.424 *** (- 3.571)
$lnland$	- 0.242 *** (- 3.524)	0.128 ** (2.129)	- 0.059 (- 0.810)	- 0.021 (- 0.416)

续表

变量	村庄区位异质性:近城村 – 远城村		家庭收入分类	
	近城村 模型 1	远城村 模型 2	低收入 模型 3	高收入 模型 4
$dist\_city$	0.007 *** （3.558）	0.005 *** （2.988）	0.004 ** （2.150）	0.005 *** （2.942）
$cut1$	– 2.610 *** （– 3.361）	1.108 （1.464）	0.203 （0.294）	– 4.601 *** （– 3.703）
$cut2$	– 0.901 （– 1.162）	2.667 *** （3.516）	1.719 ** （2.485）	– 2.901 ** （– 2.338）
观测值	2139.000	2759.000	2198.000	2700.000
似然值	– 1.4e + 03	– 1.9e + 03	– 1.5e + 03	– 1.8e + 03

注：① * 、 ** 、 *** 分别表示双尾检验的 10% 、5% 和 1% 的显著性水平；②括号内为 t 值。

3. 按照子代出生年代分组

考虑到中国正处于转型期，不同时期社会结构的时代特征差异较大，父代和子代的工作环境也有很大的不同，因此，考虑时代变迁背景下职业地位流动问题具有重要的现实意义。鉴于此，本章将样本组按照子代出生年份分为"1979 年以前"、"1980 ~ 1989 年"、"1990 ~ 1999 年"和"2000 年至今"四个出生队列，表 6 – 13 呈现不同出生队列的子代对应父代是否外出务工对其职业地位流动的影响。我们发现，父代外出务工对 2000 年以后出生的子代负向影响最大，且系数在 1% 水平上高度显著，其次是 1990 年代出生的队列，再次是 1980 年代出生的队列，对 1970 年代出生的子代影响不显著。

表 6 − 13 按照子代出生年代分组

变量	1970 年以前	1980 ~ 1989 年	1990 ~ 1999 年	2000 年至今
	模型 5	模型 6	模型 7	模型 8
Fwork	0.090 (0.246)	− 2.263*** (− 5.617)	− 2.630*** (− 11.031)	− 3.372*** (− 9.946)
gender	0.547 (1.021)	0.203 (0.634)	− 0.235 (− 1.407)	− 0.362*** (− 2.673)
age	0.019 (0.677)	0.014 (0.413)	0.046** (2.383)	0.019 (1.027)
army	− 0.944 (− 0.812)	0.171 (0.303)	− 0.158 (− 0.541)	− 0.027 (− 0.076)
edu	0.050 (0.951)	0.016 (0.410)	0.025 (1.410)	0.091*** (5.251)
fedu	0.096 (1.372)	0.156** (2.211)	0.168*** (3.887)	0.179*** (3.614)
lnwage	0.215*** (4.199)	0.192*** (3.701)	0.169** (2.215)	0.327*** (5.707)
lnhouseholds	− 0.679** (− 2.189)	− 0.013 (− 0.076)	− 0.036 (− 0.329)	− 0.175* (− 1.691)
lnhpincome	0.121 (0.658)	0.338*** (3.057)	− 0.155** (− 2.023)	− 0.191** (− 2.269)
lnland	0.454** (2.022)	− 0.225* (− 1.734)	− 0.137* (− 1.785)	0.069 (1.022)
dist_town	− 0.015 (− 0.722)	− 0.014 (− 1.148)	0.016** (2.019)	− 0.004 (− 0.685)
dist_city	0.005 (0.872)	0.013*** (3.391)	0.006*** (2.631)	− 0.000 (− 0.085)
cut1	1.985 (0.818)	1.440 (0.738)	− 2.710** (− 2.378)	− 2.884*** (− 2.851)

续表

变量	1970 年以前	1980~1989 年	1990~1999 年	2000 年至今
	模型 5	模型 6	模型 7	模型 8
$cut2$	3.205 (1.316)	2.478 (1.268)	−1.209 (−1.062)	−0.974 (−0.963)
观测值	331.000	879.000	1900.000	1669.000
极大似然值	−161.728	−448.944	−1.2e+03	−1.3e+03

注：①＊、＊＊、＊＊＊分别表示双尾检验的 10%、5% 和 1% 的显著性水平；②括号内为 t 值。

五 本章小结

本章利用河南大学"百县千村"入户调查之"整村调查"样本数据，将调查问卷中涉及的职业重新编码为 EGP 五分类职业层次，对农村家庭代际的职业地位流动现象进行研究后，主要得出如下结论。

首先，从样本期内的全部样本来看，农村劳动力职业地位总体呈现向上流动，具体而言，子代职业地位相对于父代向上流动的个体占比 63.26%，向下流动的个体占比为 12.29%，还有 24.45% 的个体职业地位与父代保持一致。与教育水平代际流动不同的是，女性组职业地位向上流动的比例要低于男性组，女性组职业地位向上流动的人数占本组比为 57.11%，而男性组职业地位向上流动的比例为 64.85%。

其次，本章进一步采用有序 Logit 模型实证发现，父代外出务工会显著降低子代职业地位向上流动的概率。具体来说，如果父代外出务工，子代职业地位向下流动的概率会提高 17.4 个百分点，向上流动的概率会降低 42 个百分点。在逐步加入个人特征因素、家庭特征因素和村庄特征因素后，该变量依然显著。相比于女性，男性子代职业地位更有可能向下流动，男性子代职业地位向下流动的概率会提高 1.9 个百分点，向上流动的概率会降低 4.6 个百分点。教育在代际职业地位流动时起到显著作用，劳动者接受教育可以显著降低职业地位向下流动的概率，受教育年限每增加 1 年，个体的职业地位向下流动的概率降低 0.3 个百分点，向上流动的概率增加 0.8 个百分点，而且随着受教育年限的增加，职业地位向上流动的概率也越来越高，向下流动的概率越来越低。

最后，本章的研究表明，父代的工作地点也会对子代的职业地位流动产生显著影响。与父代在本地工作的子代相比，父代在外地工作的子代的职业地位更有可能会向下流动。具体来说，父代在省外工作的子代职业地位向下流动的概率最大，其次是父代在省内其他地市工作的劳动者，父代在本县城工作的劳动者职业地位向下流动的概率相对较低。代际职业地位向下流动的概率与流入流出地之间的距离呈正相关，进一步凸显了特殊二元制度结构所造就的农民工"人户分离"状态对下一代的负面影响。之所以是这种结果，根本上还是因为举家无法随非农就业空间的移动而迁徙，造成"人户分离"，失去父母陪伴的子女成长受到了损害，无论是学历教育水平还是职业市场竞争力，都不足以应付时代变化的需要，子代继续处在弱势社会层级地位。也或者是远距离就业市场是充分竞争的，家乡近距离就业市场具有更多社会关系成分，远离家乡的这些父代既无法在充分竞争的职业市场为子女提供帮助，又无法在家乡关系就业市场对子女就业施以援手。总之，解铃还须系铃人，"人户分离"造成的问题需要通过"人户合一"来解决。推动农民工举家城市化迁徙，尽快由"人户分离"状态过渡到"人户合一"状态，是需要高度重视的重大而紧迫的问题。

第七章　结论与政策建议

一　研究结论

随着中国经济的高速发展及工业化和城镇化的快速推进，特别是精准扶贫、精准脱贫举措的扎实落地，中国农村居民尤其是贫困地区的居民生活水平有了大幅提升。但与此同时，无户籍城市常住人口、城市流动人口和外出农民工这三种可以代表与家庭分离的农村劳动力异地非农就业者数量指标，虽然由于统计口径不同而有差异，却相互佐证了一个值得高度重视的事实，那就是我们国家有一个占城镇就业一半左右、漂泊于城乡之间的候鸟式不稳定就业大军，这是一个值得关注和研究的问题。他们作为中国现代化的重要原动力，既是现代化过程的一部分，也是需要被现代化的对象。本书正是以这部分人为研究对象，重点考察了其就业空间选择的影响因素，并分析了这种候鸟式不稳定就业对子代教育水平和职业地位代际流动的影响。本书的主要研究结论如下。

第一，本书利用河南大学"百县千村"入户调查之"整村调查"样本数据，基于统计分析考察了农村劳动力非农就业的空间结构，发现农村劳动力总体上以外出从事非农就业为主，其占比高达80.98%。本书进一步把外出就业空间划分为本县、本市、郑州、本省和省外，研究结果显示，随着就业空间由内向外不断拓展，农村劳动力外出就业空间结构呈现两端多、中间少的"哑铃"形特征。从具体的影响因素来看，男性、年轻、远县城、平原地区以及使用社会网络的劳动力倾向于远距离务工，受教育程度较低者、家庭非农劳动力数量较多者和家庭无抚养孩子者更倾向于在省外务工，而愿意流转土地的家庭劳动力、村庄有经济基础的劳动力更倾向于在省外和本县务工。

第二，本书构建了就业空间选择与代际效应的理论模型，分析不同学历群体的就业空间选择行为，探讨农村劳动力非农就业呈现的"哑铃"形就业空间特征的原因，并进一步探讨了就业空间选择对子代人力资本的影响。研究表明，低学历务工群体更易被挤出本地就业市场，为了谋取工作岗位不得不远赴省外就业，而距离家庭较远的就业空间使该群体难以陪伴子女的成长，减少了对子女教育的时间投入，进而降低了子代人力资本水平。

第三，通过对农村劳动力非农就业空间选择的影响因素进行分析发现，①务工渠道会对就业空间选择产生显著影响。通过社会网络务工会降低在本地务工的概率，提高出省务工的概率；通过创业就业的劳动力更偏爱本地和本县务工，较少选择距离家乡更远的地区；单位招聘会提高在本市和本省的务工概率。②教育对务工空间的选择有显著影响。随着教育水平的提升，在本地和省外务工的概率会降低，而在本县、本市和本省务工的概率会提升。③减少村庄到县城或市区的通勤时间会提高村民到县城和市区的务工概率。④相对于平原地区的村庄，丘陵和山地地区的村庄的村民更偏爱在省内特别是本市务工，而较少选择省外务工。

第四，对农村劳动力外出务工和就业空间对子代教育水平代际流动的影响的研究表明，①在样本期内，农村劳动力家庭的教育代际流动的性别差异明显，女性组教育水平向上流动的比例为50.78%，要高于男性组教育水平向上流动的比例（44.69%）。如果父代在本地工作，子代教育水平向上流动的比例最高，达到43.84%，在省外工作的父代，子代教育水平向上流动的比例最低，仅为32.74%。距离县城较近的村庄，子代教育水平向上流动的比例（48.31%）要高于远县城的村庄（43.57%）。②采用有序Logit模型实证分析了父代外出务工对子代教育水平的代际流动的影响。研究表明，父代外出务工会降低子代教育水平向上流动的概率。具体来说，如果父代外出，子代教育水平向下流动的概率会提高5.7个百分点，向上流动的概率会降低10.5个百分点，在逐步加入个人特征因素、家庭特征因素和村庄特征因素后，该变量依然显著为负。③父代的工作地点也会对子代的教育流动产生显著影响。父代在省外工作的子女教育水平向下流动的概率最大，其次是在本市和本县工作，在本地工作的父代子女教育水平向下流动的概率最低。④进一步分析了家庭异质性对子代教育流动的影响。村庄区位会对子代教育水平的代际流动产生显著影响，距离县城较近的村庄，父代外出务工对子代教育水平的代际流动影响相对较小；距离县城较远的村庄，父代外出务工对子代教育水平的代际流动影响相对较大。家庭收入也会影响子代教育水平的代际流动，人均收入高的家庭父代外出务工对子代教育水平的代际流动影响相对较小，人均收入低的家庭父代外出务工对子代教育水平的代际流动影响相对较大。

第五，本书最后分析了农村劳动力外出务工和就业空间对子代职业地位代际流动的影响。研究表明，①从样本期内的全部样本来看，河南省农村劳动力职业地位总体呈现向上流动。具体而言，子代职业地位相对于父代向上流动的个体占比 63.26%，向下流动的个体占比为 12.29%，还有 24.45% 的个体职业地位与父代保持一致。与教育水平代际流动不同的是，女性组职业地位向上流动的比例要低于男性组，女性组职业地位向上流动的人数占本组比为 57.11%，而男性组职业地位向上流动的人数占本组比为 64.85%。②进一步采用有序 Logit 模型实证分析了父代外出务工对子代职业地位代际流动的影响。研究发现，父代外出务工会显著降低子代职业地位向上流动的概率。具体来说，如果父代外出务工，子代职业地位向下流动的概率会提高 17.4 个百分点，向上流动的概率会降低 4.2 个百分点。在逐步加入个人特征因素、家庭特征因素和村庄特征因素后，该变量依然显著。教育在代际职业地位流动时起到显著作用，劳动者接受教育可以显著降低职业地位向下流动的概率，受教育年限每增加 1 年，个体的职业地位向下流动的概率降低 0.3 个百分点，向上流动的概率增加 0.8 个百分点，而且随着受教育年限的增加，职业地位向上流动的概率也越来越高，向下流动的概率越来越低。③父代的工作地点也会对子代的职业地位代际流动产生显著影响。与父代在本地工作的子代相比，父代在外地工作的子代的职业地位更有可能会向下流动。具体来说，父代在省外工作的子代职业地位向下流动的概率最大，其次是父代在省内其他地市工作的劳动者，父代在本县工作的劳动者职业地位向下流动的概率相对较小。

二 政策建议

根据本书的研究结论，本书认为需要从两个方面进行更深入的讨论，给出政策建议：一是农民工就业空间分布与区域和城市发展政策；二是农民工社会地位及阶层的代际传递。

（一）农民工就业空间分布与区域和城市发展政策

农民工就业空间分布传递的是产业与城市聚集的空间结

构和层级结构信息，也是规划产业和城市发展战略、制定产业和城市发展政策的依据。本书第四章对样本数据的统计分析给出了农民工就业空间分布的相关比例关系：以乡镇内就业为本地，以离开乡镇就业为外出，在全部 12114 个样本中，外出就业超过 80%（80.98%），本地就业不足 20%（19.02%）；在外出就业群体中，按照本县、本市、郑州、本省（郑州和本市以外省内其他省辖市）和省外五级区域划分，省外超过 40%（40.8%），占比最大，其次是本县，占比 20.53%，再次是本市和郑州，分别占 16.83% 和 15.04%，省内其他中心城市占比最小，只有 6.90%。根据这个结构比例信息，综合考虑其他相关因素，应该有如下四个层面产业与城市聚集发展战略与政策方向需要澄清。

一是国家层面。长三角、珠三角地区产业与城市聚集发展趋势会长期持续，国家和流入区地方政府应该尽快出台吸纳农民工举家迁徙入户为当地永久居民的政策。样本数据中外出农民工超过四成流出了省外，应该主要为长三角、珠三角地区吸纳。河南省级层面统计的 2000 多万农民工有超过 1000 万在省外，反映的基本上也是这个比例。河南作为经济体量大、发展相对活跃、吸纳就业能力比较强的省份，尚能如此大比例地向长三角、珠三角地区输出劳动力，西南、西北、华北乃至东北广大地区农民工输出比例应该不会低于河南。长三角、珠三角地区聚集产业与城市，广大中西部地区输送劳动力，大量农民工候鸟式漂泊于家乡和就业地之间，一边是失去陪伴的留守老人和儿童，另一边是亟待劳动力开工运转的工厂，还有就是繁忙运输线上的匆匆人流，各方都承受着不同的压力。不论是从推动农民工尽快实现举家迁徙，完成初级形态的社会流动角度说，还是从提升宏观经济运行的效率，减少时间和运输成本的浪费，或者是从延长劳动者的务工年龄，增加劳动力总量供给，尤其是从工厂及时足量获得劳动力供给的角度看，都应该尽早结束这种状态。国家和流入地区域政府层面应出台大力度的农民工吸纳政策，放宽入户标准，鼓励举家迁徙入户。

二是省会城市层面。省会成为省域内最大的产业与城市及城市群聚集中心，中西部单中心省域经济体更是如此。就河南来说，虽然样本数据中外出农民工流入省会郑州的只占了15%左右，但这个比例的农民工是聚集在一个城市的，绝对量远远超过以16%比例分散流入另外17个中心城市中任何一个城市的流入量，更不要说以20%的比例分散流入100多个县中任何一个县城的流入量了。郑州市2019年人口净流入接近50万，等于一年增加一个中等规模的城市。以河南超过1亿的人口基数和这样的流入速度，相比于上海、广州、深圳等特大城市人口密度，郑州未来人口规模可望翻番达到2000万级，包括开封、新乡、焦作和许昌在内的大郑州都市圈达到3000万级人口规模应该在不远的将来会成为现实。所以，省会城市尤其是像郑州这样特大规模的国家中心城市，不但在城市发展战略谋划和城市空间建设规划方面要未雨绸缪，而且要在吸纳农民工举家迁徙入户各种保障措施上积极探索，率先出台住房、就业、子女入学等保障政策。

三是县级层面。样本数据中20%以上的外出农民工被本县吸纳，说明县城是产业聚集和城市发展的一个重要层级。在战略规划上要明确县城在整个县域发展中的龙头地位，推动产业在县城聚集发展，并通过分工和拉长链条，向县域内各个乡镇甚至村落延伸，为各类就业和创业主体进入链条提供机会，也为兼业农民提供非农就业机会，增加收入，推动整个县域经济良性运转，带动整个县域发展。也要出台鼓励农民工举家迁徙落户县城的政策，推动一部分非农就业劳动力及其家属在县城完成人户合一的初级形态社会流动。同时完善城市基础设施和公共服务体系，根据本书的研究，村庄与城镇的通勤时间会对农村劳动力务工地点的选择带来显著影响，这意味着改善城镇与周边村庄的交通和通勤条件，有助于提升城镇对人口的吸引力。正如本书研究所指出的那样，到本县县城和市区的通勤时间每增加1分钟，农村劳动力到本县和本市务工的概率会降低0.2个百分点。地方政府如期望扩张县城或市区的人口规模，应积极改善与周边村庄的交通条件，降低村民到县城或市区的时间成本，提高县城或市区对周边农村劳动力的吸引力。

四是乡镇层面。样本数据虽然有近20%农民工是留在乡镇实现非农就业的，但根据经验分析，除了少数拥有非农产业发展和聚集的乡镇村落之外，绝大多数乡镇非农就业不是从事制造业和服务业等连续性工作，而是像乡村建筑工人那样从事非连续性工作。也就是说，除了已经有存量非农产业的少数乡镇村落之外，绝大多数乡镇村落非农就业并非反映的是非农产业发展和聚集的信息。在工业化已经进入下半程的今天，制造业门槛已非 20 世纪八九十年代长三角、珠三角地区乡镇企业大发展时期可比，后发农区基本难以复制当年长三角、珠三角地区的村村点火家家冒烟的发展模式，后发农区非农产业最大可能是在县城聚集发展。因此，应以推动农村劳动力非农就业增加收入，以及举家迁徙，在就业地实现人户合一，完成初级形态的社会流动为实现乡村振兴的抓手，同时稀释乡村人口，推动土地规模经营，培育家庭农场和职业农民，提升农业效率，增加农民收入。此外，还要加大财政转移支付力度，逐步改善人居环境，完善乡村基础设施。

（二）农民工社会地位及阶层的代际传递

探讨和治理阶层的代际传递，尤其是在城镇化过程中占有重要地位的农村务工家庭的代际传递受何种因素的影响，对于公共政策制定无疑具有重要的理论意义和现实价值。综合本书各章对样本数据的统计分析和计量分析，可以得出一个基本结论：农民工是一个低学历、低收入、低就业层级且在就业市场缺乏竞争力的弱势人群。从本书第四章表 4 - 3 中可以看到，本地就业农民工初中及以下学历占比高达82.43%，外出就业农民工初中及以下学历占比也高达74.41%；按照3万元以下、3万~6万元以及6万元及以上三个等级测算非农就业群体年收入的比例分布，发现年收入3万元以下的低收入群体占有绝对的比重。其中本地非农就业者年收入3万元以下者占比高达3/4（75.01%），外出就业者年收入3万元以下占比也超过一半（51.86%）；从事金融与商务服务等高层级职业的占比很低，采掘业和建筑装修行业占有相当比重，所占比重最大的其他行业应该是无法归入标准行业类型的职业，大概率属低层级职业。更让人忧虑的是，农民工群体的这种低学历、低职级、低收入的弱势社会地位，还有可能存在代际传承。第五章使用有序 Logit 模型对样本数据进行实证研究发现，父代外出务工会降低子代教育水平向上流动的概率，而且外出就业地点距离家乡越远，对子代教育水平负向流动的影响越大，父代在省外工作的子女教育水平向下流动的概率最大。第六章的计量模型实证研究发现，父代外出务工会显著降低子代职业地位向上流动的概率，进而很有可能使农民工教育和职业地位代际水平传递，甚至负向传递。这意味着农民工的社会阶层固化甚至进一步分化。

一个社会要实现由农耕文明向工业文明转换，由低收入迈向高收入，走向现代化，最根本的驱动力和最深刻的结构调整，是社会成员的绝大多数完成由农业就业向非农就业、由乡村生活空间向城市生活空间转变。并同时完成由低收入向中高收入阶层转化，也就是完成我们在导论中所说的两阶段社会流动，即由农业向非农和由乡到城初级形态的社会流动，以及由低收入向中高收入高级形态的社会流动，最终形成两头小中间大的"橄榄"形社会结构。中国作为全球第二大经济体，人均 GDP 也已超过 1 万美元，属于中等偏上收入层次，要跨过中等收入阶段，进入高水平国家行列。如何做到这一点，答案是创新引领、内需驱动和高质量发展。其中内需至关重要，超过 2 亿的农民工包括其家庭成员所覆盖的超过 8 亿人的庞大群体，蕴含的消费潜力是巨大的。所以，改变农民工群体低学历、低职业层级和低收入的弱势地位，释放其消费潜力，就不仅关系到这个群体自身的利益，也关系到未来长期增长的可持续性和现代化的实现。对此，我们尝试给出如下建议：应该通过一系列改革和社会政策，促使这个群体尽快完成完全的和充分的社会流动，也就是农民工非农就业的彻底转移和家庭成员举家城市化迁徙。具体说，不外乎是推动离乡和促进入城两个方面的制度和政策。

离乡制度和政策主要有三个方面。一是在确权的基础上深化宅基地和承包地改革，使这两块地与农民工的村庄户籍和村民身份脱钩，保证其户籍和身份离乡不影响其对存量宅基地和承包地的处置权和受益权。二是完善信息发布平台，提高就业信息传递的有效性。如何及时有效地向农村劳动力传递务工信息应作为增加农民收入、缩小城乡收入差距以及精准扶贫等工作的一项重点。三是改善城镇与周边村庄的通勤条件，提高城镇对人口的吸引力。根据本书的研究，村庄与城镇的通勤时间会对农村劳动力务工地点的选择带来显著影响，这意味着改善城镇与周边村庄的交通和通勤条件，有助于提升城镇对人口的吸引力。

入城制度和政策主要有五个方面。一是就业扶持政策，比如失业救济、养老保险和医疗保险的全覆盖等。二是住房保障政策，除了现有公租房政策的全覆盖之外，应专门出台针对农民工和低收入群体的住房保障政策，让农民工能够进得来、留得下。三是子女入学入托等公共服务的保障供给，这主要是人口净流入城市要加大教育设施的投入力度，及时满足不断涌入的增量人口子女入学入托的需求。遏制代际教育负向流动的治本之策是推动农民工举家城市化迁徙，加快"人户合一"的步伐。在这一目标未达成之前，治标的办法是在县城建设更多的寄宿制学校，政府加大补贴力度，将留守儿童收纳到寄宿制学校，享受城市优质教育资源。四是注重引导教育对职业地位流动的推动作用，教育是推动职业地位向上流动的一个重要因素，应该继续支持和推进各级各类教育工作的发展，既要引导农村家庭对教育的重视，也要进一步加大教育制度改革力度，进一步改善教育资源分配不均匀、教育机会不均等的现象，多渠道降低农村家庭子女上学的成本，让每个人都获得良好的教育机会。五是注重引导父代对子女的陪伴教育，引导外出务工人员通过电话、网络等方式加强与孩子的沟通和交流，关注子女成长过程中的困惑和烦恼，建立有效的共情陪伴途径，为子女的职业成长提供更好的条件。

除此之外，对于国内那些农民工数量比较大的城市和地区，如长三角、珠三角地区和北上广深等特大城市，要尽可能放宽进入门槛，逐步吸纳消化大量非户籍常住人口。对于暂时无法实现举家迁徙的"人户分离"农民工家庭留守儿童和留守老人问题，要通过加大转移支付，尤其是中央财政转移支付力度，督促地方政府建立更多的寄宿制学校和养老院，吸纳留守儿童和留守老人入校入院，并给予更多生活费补贴。

三　研究展望

本书基于河南大学"百县千村"入户调查之"整村调查"项目的数据，聚焦中国规模庞大的"人户分离"农民工群体，对非农就业空间选择及其代际影响进行了研究，在一定程度上弥补了现有文献对该问题研究缺失或不足的遗憾。但是一个经济体要完成从传统农耕文明向现代工业文明转换，实现现代化，可谓任重而道远，在该演化过程中，有太多值得专门研究的问题。就本书而言，由于选题有一定的难度，工作量较为繁重，也受限于笔者的理论素养、知识积累、研究能力和材料占有等因素，本书的研究还存在一定的不足之处和需要进一步研究的地方。

首先，本书指出了人口迁徙制度和就业市场化改革的不同步，自由进入的非农就业市场和限制进入的乡村人口城镇化迁徙制度，在政策上长期误导了城镇体系演化的方向，使城市发展政策与城镇体系实际演化过程错位，从而造就了规模庞大的"人户分离"农民工群体，他们会引发一系列经济社会问题，值得深入研究。本书也聚焦该群体，对非农就业空间选择及其代际影响进行了研究。但是，受限于篇幅、知识储备和内在结构处理难度，本书没有安排章节就就业市场和人口迁徙两种制度错位问题及自由迁徙实现途径进行专门研究，这不能不说是一个缺憾。希望在后续工作中能够对此进行更加深入的分析，以期为农民工入城以及未来区域城市发展政策提供更加可靠的依据。

其次，农村劳动力非农就业越是远离家乡代际流动负向影响越大，背后的逻辑一定是因非农就业导致与子女生活空间的分离，使子女在成长期得不到父母应有的照顾和陪伴的结果。这其中隐含着非常重大的社会问题，长期也会影响到现代化的可持续性。对于庞大的"人户分离"农民工群体，如果其后代教育和职业地位持续负向流动，社会分化就会进一步加剧，在创新引领高质量发展和消费成为主要驱动力的背景下，这个庞大的低收入群体势必会削弱消费对经济增长的贡献，从而为跨越中等收入陷阱增加难度。对于这一重要问题本书未能深入研究，同样留下了缺憾，这也是笔者今后的努力方向。

最后，非常期待本书可以起到抛砖引玉的作用，吸引更多有识之士加入对该问题的研究中来。

参考文献

Anger S. , Heineck G. 2010. "Do Smart Parents Raise Smart Children? The Intergenerational Transmission of Cognitive Abilities". *Journal of Population Economics*, 23 (3).

Bauer P. C. , Riphahn R. T. 2009. "Age at School Entry and Intergenerational Educational Mobility". *Economics Letters*, 103 (2).

Bauer P. , Riphahn R. T. 2006. "Timing of School Tracking as a Determinant of Intergenerational Transmission of Education". *Economics Letters*, 91 (1).

Bauer T. , Zimmermann K. F. 1997. "Network Migration of Ethnic Germans". *International Migration Review*, 31 (1).

Becker G. S. 1967. "Human Capital and the Personal Distribution of Income: An Analytical Approach". Institute of Public Administration.

Becker G. S. , Tomes N. 1979. "An Equilibrium Theory of the Distribution of Income and Intergenerational Mobility". *Journal of Political Economy*, 87 (6).

Becker G. S. , Tomes N. 1986. "Human Capital and the Rise and Fall of Families". *Journal of Labor Economics*, 4 (3, Part 2).

Becker G. S. 1991. *A Treatise on the Family*. Harvard University Press.

Becker G. S. , Kominers S. D. , Murphy K. M. , et al. 2018. "A Theory of Intergenerational Mobility". *Journal of Political Economy*, 126 (S1).

Behrman J. R. , Rosenzweig M. R. 2002. "Does Increasing Women's Schooling Raise the Schooling of the Next Generation?". *American Economic Review*, 92 (1).

Bjorklund A. , Lindahl M. , Plug E. 2004. "Intergenerational Effects in Sweden: What Can We Learn From Adoption Data?". Germany: Institute for the Study of Labor.

Björklund A. , Lindahl M. , Plug E. 2006. "The Origins of Intergenerational Associations: Lessons From Swedish Adoption Data". *The Quarterly Journal of Economics*, 121 (3).

Cabrillana, H. A. 2009. "Endogenous Capital Market Imperfection, Human Capital and Intergenerational Mobility". *Journal of Development Economics*, (90).

Chevalier A., Denny K., McMahon D. 2009. "Intergenerational Mobility and Education Equality". Education and Inequality Across Europe. London: EdwardElgar.

Du Y. 2000. "Rural Labor Migration in Contemporary China: An Analysis of Its Features and the Macro Context". Rural Labor Flows in China.

Dunn C. E. 2007. "The Intergenerational Transmission of Lifetime Earnings: Evidence from Brazil". *The BE Journal of Economic Analysis & Policy*, 7 (2).

Dunn T., Holtz – Eakin D. 2000. "Finacial Capital, Human Capital, and Transition to self – Employment: Evidencefrom Intergenerational Links". *Journal of Labor Economics*, 18 (2).

Eide, E. R. and Showalter, M. H. 1999. "Factors Affecting the Transmission of Earnings across Generations: A Quantile Regression Approach". *The Journal of Human Resources*, 34 (2).

Erikson R., Goldthorpe J. H. 2002. "Intergenerational Inequality: A Sociological Perspective". *Journal of Economic Perspectives*, 16 (3).

Erikson R., Goldthorpe J. H. 1992. *The Constant Flux: A Study of Class Mobility in Industrial Societies*. London: Oxford University Press.

Erikson, Robert, John H. Goldthorpe and Lucienne Portocarero. 1979. "Intergenerational Class Mobility in Three Western European Societies: England, France and Sweden". *British Journal of Sociology*, 30 (4).

Espinosa K. E, Massey D. S. 1997, "Determinants of English Proficiency Among Mexican Migrants to the United States". *International Migration Review*, 31 (1).

Gail Mummert. 2007. "Caring for the Young and the Elderly in Rural Mexico: A Gendered and Transnational Analysis of the Family-state Interface". Beijing: Paper for the International Conference on Policy Intervention and Rural Transformation.

Ganzeboom H. B. G, De Graaf P. M. , Treiman D. J. 1992. "A Standard International Socio-economic Index of Occupational Status". *Social Science Research*, 21 (1).

Goldthorpe J. H, Llewellyn C. 1977. "Class Mobility in Modern Britain: Three Theses Examined". *Sociology*, 11 (2).

Grusky, David B. Social Stratification. Neil J. Smelser and Paul B. Baltes. 2001. "International Encyclopedia of the Social and Behavioral Sciences". New York: Elsevier Science.

HARE D. 1999. "Women's Economic Status in Rural China: Household Contributions to Male – Female Disparities in the Wage Labor Market". *World Development*, 27 (6).

Haug S. 2008. "Migration Networks and Migration Decision-making". *Journal of Ethnic and Migration Studies*, 34 (4).

Heberle R. 1938. "The Causes of Rural-urban Migration a Survey of German Theories". *American Journal of Sociology*, 43 (6).

Ji T. 2019, "Aggregate Implications of Occupational Inheritance in China and India". *The B. E. Journal of Macroeconomics*, 19 (1).

Jorgenson D. W. 1967. "Surplus Agricultural Labour and the Development of a Dual Economy". *Oxford Economic Papers*, 19 (3).

Knight J., Yueh L. 2008. "The Role of Social Capital in the Labour Market in China". *Economics of Transition*, 166 (3).

E. S. Lee. 1966. "A Theory of Migration". *Demography*, 3 (1).

Long J., Ferrie J. 2013. "Intergenerational Occupational Mobility in Great Britain and the United States Since 1850". *American Economic Review*, 103 (4).

Lucas R. E. B, Kerr S. P. 2012. "Intergenerational Income Immobility in Finland: Contrasting Roles for Parental Earnings and Family Income". *Journal of Population Economics*, 26 (3).

Mayer S. E., Lopoo L. M. 2008. "Government Spending and Intergenerational Mobility". *Journal of Public Economics*, 92

(1 - 2).

Mcintosh J. , Munk M. D. 2007. "Scholastic Ability Vs Family Background in Educational Success: Evidence From Danish Sample Survey Data". *Journal of Population Economics*, 20 (1).

Mckenzie D. , Rapoport H. 2011. "Self – Selection Patterns in Mexico – US Migration: The Role of Migration Networks". *The Review of Economics and Statistics*, 92 (4).

Meins E. , Fernyhough C. 1999. "Linguistic Acquisitional Style and Mentalising Development: The Role of Maternal Mind – Mindedness". *Cognitive Development*, 14 (3).

Munshi K. 2011. "Strength in Numbers: Networks as a Solution to Occupational Traps". *The Review of Economic Studies*, 78 (3).

Pappas S. , Ginsburg H. P. , Jiang M. 2003. "SES Differences in Young Children's Metacognition in the Context of Mathematical Problem Solving". *Cognitive Development*, 18 (3).

Parish W. L. , Zhe X. , Li F. 1995. "Nonfarm Work and Marketization of the Chinese Countryside". *The China Quarterly*, (143).

Pérez – González F. 2006. "Inherited Control and Firm Performance". *American Economic Review*, 96 (5).

Plug E. , Vijverberg W. 2003. "Schooling, Family Background, and Adoption: Is It Nature or is It Nurture?". *Journal of Political Economy*, 111 (3) .

Plug E. 2004. "Estimating the Effect of Mother's Schooling On Children's Schooling Using a Sample of Adoptees". *American Economic Review*, 94 (1) .

Putnam R. D. , Leonardi R. , Nanetti R. Y. 1993. *Making Democracy Working: Civic Tradition and Modern Italy.* USA: Princeton University Press.

Ranis G. , Fei J. C. H. 1961 "A Theory of Economic Development". *The American Economic Review*, 533 – 565.

Ravenstein E. G. 1885. "The Laws of Migration". *Journal of the Statistical Society of London*, 1 48 (2) .

Riphahn R. T. , Schieferdecker F. 2012. "The Transition to Tertiary Education and Parental Background Over Time". *Journal of Population Economics*, 25 (2) .

Roberts K. D. 2001. "The Determinants of Job Choice by Rural Labor Migrants in Shanghai". *China Economic Review*, 12 (1) .

Schultz D. P. 1969. "The Human Subject in Psychological Research". *Psychological Bulletin*, 72 (3) .

Solon G. 1999. "Intergenerational Mobility in the Labor Market". *Handbook of Labor Economics*, 3, part a (1) .

Solon G. 2004. "A Model of Intergenerational Mobility Variation over Time and Place". *Generational Income Mobility in North America and Europe*, (2).

Stark O. Taylor J. E. 1991. "Migration Incentives, Migration Types: The Role of Relative Deprivation". *The Economic Journal*, 101 (408).

Stark O. 1991. *The Migration of Labor*. Cambridge: Basil Blackwell.

Thomas Bauer, Gil S. Epstein, Ira N. Gang. 2002. "Herd Effects or Migration Networks? The Location Choice of Mexican Immigrants in the U. S. ". Iza Discussion Paper.

Todaro M. P. 1969. "A Model of Labor Migration and Urban Unemployment in Less Developed Countries". *The American Economic Review*, 59 (1).

W. Arthur Lewis. 1954. "Economic Development with Unlimited Supplies of Labour". *The Manchester School*, 22 (2).

Wu Z. 2010. "Self-selection and Earnings of Migrants: Evidence from Rural China", *Asian Economic Journal* 1.

Vygotskiǐ L. S. 2012. *Thought and Language*. Cambridge: MIT press.

Zhao Y. 1999a. "Labor Migration and Earnings Differences: the Case of Rural China". *Economic Development and Cultural Change*, 47 (4).

Zhao Y. 1999. "Leaving the Countryside: Rural-to-urban Migration Decisions in China". *American Economic Review*, 89 (2).

Zhao Y. 2003. "The Role of Migrant Networks in Labor Migration: The Case of China". *Contemporary Economic Policy*, 21 (4).

边燕杰、张文宏，2001，《经济体制、社会网络与职业流动》，《中国社会科学》第 2 期。

蔡昉、都阳，2000，《中国地区经济增长的趋同与差异——对西部开发战略的启示》，《经济研究》第 10 期。

蔡昉、都阳，2002，《迁移的双重动因及其政策含义——检验相对贫困假说》，《中国人口科学》第 4 期。

蔡昉、都阳，2004，《经济转型过程中的劳动力流动——长期性、效应和政策》，《学术研究》第 6 期。

蔡昉、都阳、王美艳，2001，《户籍制度与劳动力市场保护》，《经济研究》第 4 期。

曹建平，2007，《农村留守儿童成长方式对其心理健康状况影响探新》，《辽宁教育研究》第 5 期。

陈晨、赵民，2016，《论人口流动影响下的城镇体系发展与治理策略》，《城市规划学刊》第 1 期。

陈纯槿、胡咏梅，2016，《劳动力市场分割、代际职业流动与收入不平等》，《教育与经济》第 3 期。

陈琳、袁志刚，2012，《中国代际收入流动性的趋势与内在传递机制》,《世界经济》第 6 期。

陈琳,2015,《促进代际收入流动:我们需要怎样的公共教育——基于 CHNS 和 CFPS 数据的实证分析》,《中南财经政法大学学报》第 3 期。

陈强,2014,《高级计量经济学及 STATA 应用》,高等教育出版社。

陈云松,2012,《农民工收入与村庄网络基于多重模型识别策略的因果效应分析》,《社会》第 4 期。

陈藻,2011,《我国农民工就业代际差异研究——以成都市为例》,《人口学刊》第 2 期。

程名望、史清华,2007,《经济增长、产业结构与农村劳动力转移——基于中国 1978～2004 年数据的实证分析》,《经济学家》第 5 期。

程名望,2007,《中国农村劳动力转移:机理、动因与障碍》,上海交通大学博士学位论文。

但俊、阴劼,2016,《中国县内人口流动与就地城镇化》,《城市发展研究》第 9 期。

邓曲恒,2013,《农村居民举家迁移的影响因素:基于混合 Logit 模型的经验分析》,《中国农村经济》第 10 期。

董雯、张小雷、雷军等,2009,《少数民族聚居区农村劳动力外出务工及其影响因素分析——以墨玉县为例》,《资源科学》第 2 期。

都阳、朴之水,2003,《迁移与减贫——来自农户调查的经验证据》,《中国人口科学》第 4 期。

杜鹏、张航空,2011,《中国流动人口梯次流动的实证研究》,《人口学刊》第 4 期。

段成荣、杨舸,2009,《我国流动人口的流入地分布变动趋势研究》,《人口研究》第 6 期。

段成荣、吕利丹、邹湘江,2013,《当前我国流动人口面临的主要问题和对策——基于 2010 年第六次全国人口普查数据的分析》,《人口研究》第 2 期。

范剑勇、王立军、沈林洁,2004,《产业集聚与农村劳动力的跨区域流动》,《管理世界》第 4 期。

付振奇、陈淑云,2017,《政治身份影响农户土地经营权流转意愿及行为吗?——基于 28 省份 3305 户农户调查数据的分析》,《中国农村观察》第 5 期。

高更和、李小建,2008,《中部农区农户打工距离研究——以河南三个样本村为例》,《人文地理》第 6 期。

高更和、李小建、乔家君,2009,《论中部农区农户打工区位选择影响因素——以河南省三个样本村为例》,《地理研究》第 6 期。

高更和、石磊、高歌,2012,《农民工务工目的地分布研究——以河南省为例》,《经济地理》第 5 期。

郭永昌,2012,《安徽省省内人口流动空间选择研究》,《资源开发与市场》第 2 期。

国家卫生健康委员会,2018,《中国流动人口发展报告

2018》，中国人口出版社。

何石军、黄桂田，2013，《中国社会的代际收入流动性趋势：2000～2009》，《金融研究》第2期。

侯利明、秦广强，2019，《中国EGP阶层分类的操作化过程——以中国综合社会调查（CGSS）数据为例》，《社会学评论》第2期。

胡枫，2007，《中国农村劳动力转移的研究：一个文献综述》，《浙江社会科学》第1期。

解雨巷、解垩，2019，《教育流动、职业流动与阶层代际传递》，《中国人口科学》第2期。

黎嘉辉，2019，《城市房价、公共品与流动人口留城意愿》，《财经研究》第6期。

李富强、王立勇，2014，《人力资本、农村劳动力迁移与城镇化模式——来自基于面板矫正型标准误的多期混合多项Logit模型的经验证据》，《经济学动态》第10期。

李军、周安华，2018，《"学二代"现象普遍存在吗？——基于教育数量和质量的代际流动研究》，《教育与经济》第6期。

梁阳，2012，《我国农村劳动力流动和迁移的影响因素研究》，中国地质大学（北京）博士学位论文。

林莞娟、张戈，2015，《教育的代际流动：来自中国学制改革的证据》，《北京师范大学学报》（社会科学版）第2期。

刘家强、王春蕊、刘嘉汉，2011，《农民工就业地选择决策的影响因素分析》，《人口研究》第 2 期。

刘锐、曹广忠，2014，《中国农业转移人口市民化的空间特征与影响因素》，《地理科学进展》第 6 期。

刘涛、齐元静、曹广忠，2015，《中国流动人口空间格局演变机制及城镇化效应——基于 2000 和 2010 年人口普查分县数据的分析》，《地理学报》第 4 期。

刘愿，2016，《弥补那逝去的青春：知青对子女教育的代际补偿研究》，《世界经济》第 5 期。

刘祖强、谭淼，2006，《农村留守儿童问题研究：现状与前瞻》，《教育导刊》第 6 期。

卢飞、刘明辉、王嵩，2019，《职住分离还是恪守故土？——基于 CHIP 数据的经验分析》，《现代经济探讨》第 1 期。

卢盛峰、陈思霞、张东杰，2015，《教育机会、人力资本积累与代际职业流动——基于岳父母/女婿配对数据的实证分析》，《经济学动态》，第 5 期。

卢盛峰、陈思霞、张东杰，2015，《公共服务机会与代际间职业流动——基于非血亲父子（女）配对数据的实证分析》，《经济科学》第 5 期。

吕炜、杨沫、王岩，2016，《收入与职业代际流动性研究前沿——测度、比较及影响机制》，《经济学动态》第 6 期。

潘璐、叶敬忠，2009，《农村留守儿童研究综述》，《中国农业大学学报》（社会科学版）第 26 期。

乔晓春、黄衍华，2013，《中国跨省流动人口状况——基于"六普"数据的分析》，《人口与发展》第 1 期。

秦立建、王震，2014，《农民工城镇户籍转换意愿的影响因素分析》，《中国人口科学》第 5 期。

秦雪征，2014，《代际流动性及其传导机制研究进展》，《经济学动态》第 9 期。

邵宜航、张朝阳，2016，《关系社会资本与代际职业流动》，《经济学动态》第 6 期。

宋旭光、何佳佳，2019，《家庭化迁移经历对代际流动性的影响》，《中国人口科学》第 3 期。

孙三百、黄薇、洪俊杰，2012，《劳动力自由迁移为何如此重要？——基于代际收入流动的视角》，《经济研究》第 5 期。

覃凤琴、陈杭，2019，《个人素质、家庭状况与农民工就业区域的选择》，《统计与决策》第 7 期。

谭华清、周羿、赵波等，2018，《教育对城乡劳动力转移的影响及其机制》，《财经研究》第 9 期。

谭远发，2015，《父母政治资本如何影响子女工资溢价："拼爹"还是"拼搏"?》，《管理世界》第 3 期。

田艳平，2013，《农民工职业选择影响因素的代际差异》，《中国人口·资源与环境》第 1 期。

万海远、李实，2013，《户籍歧视对城乡收入差距的影响》，《经济研究》第 9 期。

汪小芹，2018，《中国社会代际流动趋势与结构分解》，《经济学动态》第 11 期。

王春超、周先波，2013，《社会资本能影响农民工收入吗？——基于有序响应收入模型的估计和检验》，《管理世界》第 9 期。

王桂新、潘泽瀚、陆燕秋，2012，《中国省际人口迁移区域模式变化及其影响因素——基于 2000 和 2010 年人口普查资料的分析》，《中国人口科学》第 5 期。

王桂新、潘泽瀚，2013，《我国流动人口的空间分布及其影响因素——基于第六次人口普查资料的分析》，《现代城市研究》第 3 期。

王伟同、谢佳松、张玲，2019，《人口迁移的地区代际流动偏好：微观证据与影响机制》，《管理世界》第 7 期。

王小勇，2006，《市场潜力、外部性与中国地区工资差异》，《南方经济》第 8 期。

王智强、刘超，2011，《中国农村劳动力迁移影响因素研究——基于 Probit 模型的实证分析》，《当代经济科学》第 1 期。

吴晓刚，2008，《1993~2000 年中国城市的自愿与非自愿就业流动与收入不平等》，《社会学研究》第 6 期。

夏怡然、苏锦红、黄伟，2015，《流动人口向哪里集聚？——流入地城市特征及其变动趋势》，《人口与经济》第3期。

邢春冰，2006，《中国农村非农就业机会的代际流动》，《经济研究》第9期。

徐俊武、张月，2015，《子代受教育程度是如何影响代际收入流动性的？——基于中国家庭收入调查的经验分析》，《上海经济研究》第10期。

徐姗、邓羽、王开泳，2016，《中国流动人口的省际迁移模式，集疏格局与市民化路径》，《地理科学》第11期。

徐晓红，2015，《中国城乡居民收入差距代际传递变动趋势：2002~2012》，《中国工业经济》第3期。

阳义南、连玉君，2015，《社会保险能降低员工辞职率吗？——中国综合社会调查的双重差分模型估计》，《经济管理》第1期。

杨慧敏、高更和、李二玲，2014，《河南省农民工务工地选择及影响因素分析》，《地理科学进展》第12期。

郁义鸿，2000，《多元产业结构转变与经济发展：一种理论框架》，复旦大学出版社。

叶静怡、武玲蔚，2014，《社会资本与进城务工人员工资水平——资源测量与因果识别》，《经济学（季刊）》第4期。

张茜洋、冷露、陈红君等，2017，《家庭社会经济地位对流动儿童认知能力的影响：父母教养方式的中介作用》，

《心理发展与教育》第 2 期。

张顺、祝毅，2017，《城市居民代际职业流动性变迁及其阶层差异》，《中国人口科学》第 3 期。

张晓辉、赵长保、陈良彪，1999，《1994：农村劳动力跨区域流动的实证描述》，《战略与管理》第 6 期。

张翼、侯慧丽，2004，《中国各阶层人口的数量及阶层结构——利用 2000 年第五次全国人口普查所做的估计》，《中国人口科学》第 6 期。

章元、陆铭，2009，《社会网络是否有助于提高农民工的工资水平?》，《管理世界》第 3 期。

赵耀辉，1997，《中国农村劳动力流动及教育在其中的作用：以四川省为基础的研究》，《经济研究》第 2 期。

赵慧卿，2005，《我国农业剩余劳动力转移问题探讨》，天津财经学院。

郑云、李小建，2016，《农村转移人口外出务工的时空路径——基于河南省的调查数据》，《河南大学学报》（社会科学版）第 6 期。

周明海、徐杨云涛，2017，《高校扩招与中国代际收入流动》，《教育经济评论》第 6 期。

周全德、齐建英，2006，《对农村"留守儿童"问题的理性思考》，《中州学刊》第 1 期。

周兴、王芳，2014，《城乡居民家庭代际收入流动的比较研究》，《人口学刊》第 2 期。

周兴、张鹏，2014，《代际间的职业流动与收入流动——来自中国城乡家庭的经验研究》，《经济学（季刊）》第1期。

朱农，2002，《论收入差距对中国乡城迁移决策的影响》，《人口与经济》第5期。

祝树金、邓丽东，2009，《经济全球化、劳动力转移与我国沿海——内陆地区工资差距的实证分析》，《财经理论与实践》第2期。

后 记

这本书是我博士期间研究成果的凝结。本书从构思到成型，经历了八年时间的打磨。

北邮毕业，华为就业7年，多年在海外从事科技研究的我，一直认为自己是学通信的。但家学传承，命运使然，我又回到了河南，开始研究河南的经济与科技。我本身一直在研究科技与经济活动的互动性，我的导师也精通经济增长理论，因此博士期间我把大部分精力放在科技对经济的影响方面。但蹉跎多年，始终难以窥得门径。

直到2018年，我参加了学校组织的"百县千村"入户调查项目，该项目的出发点是用数据研究农村社会的变迁，方式是深入开展入户调研，力图客观地刻画农民在面对社会变迁时的选择。

近一个月的实地调查走访，不断的文献研究，我才发现这里面是宝库。与其他农村调查聚焦流入地，也就是从城市的角度调查有多少农民不同，我们的调查是从农民务工的出发地来调查农民是选择去打工，还是在家务农，去了哪里，为什么回来。作为一个将农村生活保留在最美好记忆里的"城里人"，调查期间，我多次陷入思考，这些人做出这样的选择，考虑了什么因素，导致什么结果？我第一次感觉到我要用经济学的方法，研究这些朴实的农民的选择。

在师兄与师弟的帮助下，我汇总整理了三年的调查数据。这里特别感谢刘涛学长，在数据整理的过程中给了我很多耐心的辅导，并多次与我讨论数据中发现的问题。那段时间里，刘涛学长经常叫上几个老师，和我一起讨论。至今难以忘怀的是，那个冬夜的夜晚，当我们吃着热腾腾的砂锅烩面时，吕新军老师的一句话："耿博，作为一个农民的孩子，你的成长过程，与上一代有什么不同？如果没有你父亲，没有从农村出来，你现在怎么样？"我豁然开朗，找到了方向，就研究农村劳动力就业空间的代际问题！

问题明确了，后面就一帆风顺了，加上导师齐玲教授手把手地教我进行模型构思与推导，论文最终成型。找了很多专家指导，大家普遍认为这个选题很好，模型也很切合，后续还能进行很多政策研究。将这本书付印，希望能够吸引更多的学者对这个问题进行研究。

最后，感谢我的妻子和父母，在这八年中，对我的选择，不离不弃地支持。

耿 博

2021 年 12 月

图书在版编目(CIP)数据

农村劳动力非农就业空间选择及其代际效应研究：
基于"百县千村"整村调查数据/耿博著. -- 北京：
社会科学文献出版社，2021.12
（传统农区工业化与社会转型丛书）
ISBN 978 - 7 - 5201 - 9363 - 4

Ⅰ.①农…　Ⅱ.①耿…　Ⅲ.①农村劳动力 - 劳动力转
移 - 农村调查 - 统计数据 - 中国　Ⅳ.①F323.6

中国版本图书馆 CIP 数据核字（2021）第 224397 号

· 传统农区工业化与社会转型丛书 ·
农村劳动力非农就业空间选择及其代际效应研究
——基于"百县千村"整村调查数据

著　　者／耿　博

出 版 人／王利民
责任编辑／张　超
责任印制／王京美

出　　版／社会科学文献出版社·皮书出版分社（010）59367127
　　　　　地址：北京市北三环中路甲 29 号院华龙大厦　邮编：100029
　　　　　网址：www.ssap.com.cn
发　　行／市场营销中心（010）59367081　59367083
印　　装／三河市尚艺印装有限公司

规　　格／开　本：787mm×1092mm　1/16
　　　　　印　张：17.25　字　数：172 千字
版　　次／2021 年 12 月第 1 版　2021 年 12 月第 1 次印刷
书　　号／ISBN 978 - 7 - 5201 - 9363 - 4
定　　价／98.00 元

本书如有印装质量问题，请与读者服务中心（010 - 59367028）联系